U0458475

中国民间
崇拜文化丛书

徐彻　陈泰云——著

民间百

神

上海三联书店

编者的话

　　这四本书稿，我是在一年前开始接触的。如今，没有一个总起的序言。我便拨通了徐彻先生的电话，想请他写个自序。他接起电话，像往常一样客气又直爽。我简单表明了想法，没想到他在做透析，每周至少有三天在医院。他说，这个序言他是写不了了。他的声音稳重有力，我一时不能想象他在被病痛折磨。我询问是否有相识的学者，可以帮忙写序。他说，就他所知，做这方面研究的教授极少，没人愿意弄这个。我想了想，提议请沪上一位有名的学者写。他觉得此人一来不认识，二来对方虽然从事一部分宗教研究，但方向是中国基督教史，不合适。

　　随即电话那头传来了笑声，徐彻先生说，就你吧，我觉得你写这个序最适合。我连忙推脱，可是他异常坚持。

为徐彻先生的书写序，不胜惶恐，不仅因为徐彻先生著作等身，既是大学者，又是编辑界的前辈，更因为这四本看似轻小的丛书，里面有大学问。要为这套丛书写序，怎么也得是个大学者。作为编辑，我能够讲的只是另外一些东西。

这套名为"中国民间崇拜文化"的丛书，共四册，分别是《佛界百佛》《道界百仙》《冥界百鬼》《民间百神》。曾想给它们取"更市场化"的名字，试过好几个版本，还是原书名更准确地表达了书的内容，也更大气。四本书格局一致，每个佛仙鬼神都有编号，从1至100。为此特意在内文的右侧做了一个索引的设计，即便快速翻看，也能找到你想了解的佛仙鬼神。我想将它做成字典、手册，便于随时查阅和学习。

和大多数读者一样，我对这块知识也是"一知半解"或只是"道听途说"。在这之前，没有系统地学习，甚至没有读过类似的著作。但在阅读了书稿的一些章节后，我立刻意识到，这是套不容错过的好书。

书中佛仙鬼神的名称，对于不是研习宗教学的人来说，需要格外小心。我借来了《大辞海·宗教卷》（上海辞书出版社）、《佛教小辞典》（上海辞书出版社），对每个佛仙鬼神一一核对。例如，阿弥陀佛的十三个名号，十六罗汉、天龙八部、十殿阎王各自的名称等，都极容易出现重复和错字。《佛界百佛》中佛的名称多是梵语音译，对照也需仔细。内容的准确是一本书的底线，为此请了专家审读把关，对难把握的地方反复校定。《佛界百佛》讲到马头明王时有一段：

马头明王虽为观音化身，但其面目无温柔容，而现愤怒相。其像有一面二臂、三面八臂、四面二臂、四面八臂等多种。一面二臂者，身红色，三眼圆睁，獠牙外露，发须皆红黄上竖，头顶上有绿色马首。右手持骷髅宝杖，左手施期克印。头戴五骷髅冠，项挂五十人头璎珞，以虎皮为裙，以蛇饰为庄重。以莲花日轮为座，威立于炽热般若烈焰中。

这段文字写得很好，只有一句"发须皆红黄上竖"让人有疑问：红黄是两色，前面却用了"皆"字。是否应为"发须皆红而上竖"呢？我首先查看了马头明王的画像，其造型都是赤红一身，说"身红色"是没有问题的。发须是红黄二色，因此不应是"发须皆红而上竖"。我依然不放心，又查阅了《佛教小辞典》关于马头明王的描述，但辞典并无对马头明王毛发的说法。我再上网查询，居然见到网页上关于马头明王的一段文字，竟与书稿上这段文字，一字不差！

我心一紧，立即联系了徐彻先生。他耐心地作了答：一、上面一段文字，是他本人写的。因为书稿中部分内容之前出版过，网上此类关于马头明王的说法，应该是引用了他文章中的文字。二、马头明王的须发还是"红黄上竖"。最后，这段文字，"发须皆红黄上竖"一句去掉了"皆"字，"威立于炽热般若烈焰中"一句去掉了"炽热"两字。

书稿中每个佛仙鬼神原来都配有图片，由于图片质量不等，加之风格不一，只好做了大量的删除和修改。我先制定了一个标准：不是老的不用。也就是说，书中的插图要么是古画，要么是古代雕塑、石刻，尽可能的气质统一。寻找合适的图片花费了很长时间，这也让我接触到一些有意思的老刊本和画卷。书中的图片虽是对文字的补充，却并非只是配角，完全可以独立来看。

虽说可将本丛书当作"字典""手册"，但内容绝不像字典、手册那么简单。徐彻先生是著名的中国晚清史学者、中国现代史学者，这套丛书贯穿其严谨的学术风格，引用精当，资料翔实。令人惊喜的是，书中的文字干净、生动、典雅，给人带来读小说的愉悦。这套书或许不能算是开创性的著作，但对一百个佛仙鬼神的记录，不仅在古书的基础上作了大的补充，还写出了自己的味道，在当下极为稀有，可称为无二之作。

《佛界百佛》共9万字，分为7章。这7章是：佛陀部，列10位佛陀；菩萨部，列9位菩萨；观音部，列14位观音；诸天部，列20位天王；明王部，列8位明王；罗汉部，列21位罗汉；高僧部，列18位高僧。书中将印度的佛与中国的佛混编在一起，既能看到传承，也能读到演变。

《道界百仙》共12万字，分为10章。这10章是：创世神、天尊神、星宿神、游仙神、真人神、护法神、佑民神、居家神、山泽神、匠作神。此册有《列仙传》《三教源流搜神大全》的影子，里面的插图在本丛书中最为别致。

《冥界百鬼》共12万字，分为8章。这8章是：鬼王部、鬼帅部、鬼吏部、鬼煞部、鬼卒部、情鬼部、善鬼部、恶鬼部。书中记录的鬼，林林总总，不少的名字我连听也未曾听过，如：针口饿鬼、食气鬼、伺便鬼、痴鬼、报恩鬼、傻鬼、蛇鬼等等。平常人们谈鬼色变，忌讳谈鬼，这本书却可以让人了解冥界几乎所有的鬼。在本丛书中，这一册故事性最强，是我最喜爱的。在我看来，欲做人，先读鬼，这百鬼便是百人千面。

《民间百神》说的是中国俗神，共14万字，分为7章。这7章是：信仰神、欢乐神、情感神、吉祥神、护卫神、行业神、自然神。中国人对神的信仰，也是心灵的寄托和精神的安慰。遭遇不幸的时候，他们想到了神；寻求幸福的时候，他们也想到了神。于是，对神的信仰，就成了人生的一种态度，生活的一种方式，文化的一种形态。徐彻先生一直强调，他关注神仙文化，是想通过对神仙文化的研究，进一步了解中国传统文化。

说到底，佛仙鬼神是人类生活的这个世界的一部分，是人类精神的一部分。了解佛仙鬼神，自然是了解这个世界，是了解人类的精神。我们一直想看清这个世界真实的面貌，人类精神真实的面貌，这是我们对"真"执着的追求。而世界真实的面貌，人类精神真实的面貌，只能存在于世界完整的面貌，人类精神完整的面貌当中。因此，这套丛书就有特别的价值了。

现在编辑工作收尾了，上海入了秋，却比夏天还热。我心里还是惶恐，担心因为能力不够，编辑工作有这样或那样的问题。在这里，只有恳请徐彻先生和读者见谅了。

陈马东方月
2018年9月于上海

目录

第一章

信仰神

上元一品

始祖炎帝

传说为远古时期部落首领，与黄帝同为中华民族的始祖。又称赤帝、烈山氏，一说即神农氏或神农氏的子孙。炎帝的母亲是谁？史传有两个说法。

第一个说法，其母为有娇氏。《国语·晋语》记载："昔少典氏娶于有娇氏，生黄帝、炎帝。黄帝以姬水成，炎帝以姜水成。"这是说，有熊国的国君少典娶妻有娇氏，有娇氏生了两个儿子，一个是黄帝，一个是炎帝。黄帝成长于姬水之滨，炎帝成长于姜水之滨。于是，黄帝为姬姓，炎帝为姜姓。

第二个说法，相传其母名女登。女登一日游华阳，被神龙绕身，感应而孕，生下炎帝。炎帝的长相奇特。传说炎帝人身牛首，头上有角。史家分析，说炎帝长了个带角的牛首，是古代以牛为其氏族图腾的一个形象反映。尊重牛，很可能是因为牛作为生产工具的重要组成部分，进入了农业生产领域。这就标志着此时的社会，很可能已经由渔猎时代转向了农耕时代。炎帝是这个转型时代的一个形象的代表。

为什么叫炎帝？炎帝生于烈山石室，长于姜水，有圣德，以火德王，故号炎帝。炎帝的出生地，至今没有定论。事实上，炎帝是一个传说中被神化了的人物。

炎帝是个神仙，与平常人完全不同。炎帝少而聪颖，三天能说话，五天能走路，三年知稼穑之事。炎帝是中国农耕文化的创始者。传说，炎帝是个具有多方面才能的神仙。

他是农业神。他得到上天的帮助，教给百姓农耕技术。"神农之时，天雨（落下）粟，神农遂耕而种之"；缺乏雨水，他教授凿井技术。"九井自穿"，井水汨汨而出；缺少工具，他发明了许多农业工具，如耒耜、斧头、锄头等；他一生为百姓办了许多好事：教百姓耕作，百姓得以丰食足衣；缺少布帛，他教给百姓栽桑种麻，用丝织成布帛，做成衣裳；缺少器皿，他制造陶器，盛装米水。

他是医药神。他"始尝百草，始有医药"。为了让百姓不受病疾之苦，他尝遍了各种药材，以致自己一日中毒七十次。为了纪念他，中国最早的一部药物学著作就命名为《神农百草经》。

他是乐器神。他发明了五弦琴，给百姓带来了快乐。

炎帝是中国先民集体智慧的集中体现。

炎帝一族最初的活动地域在今陕西的南部，后来沿黄河向东发展，与黄帝发生冲突。在阪泉之战中，炎帝被黄帝战败，炎帝部落与黄帝部落合并，组成华夏族，所以今日中国人自称为"炎黄子孙"。

炎帝晚年巡游南方时，积劳成疾，不治身亡；一说，为发现草药，因尝百草，不幸而死。

炎帝陵位于湖南省株洲市炎陵县城西十七公里的鹿原镇境内。关于炎帝神农氏安葬地的记载，最早见于晋代皇甫谧撰写的《帝王世纪》，炎帝"在位一百二十年而崩，葬长沙"。宋罗泌撰《路史》记述得更具体，认为炎帝"崩葬长沙茶乡之尾，是曰茶陵"。据地方史料《酃（líng）县志》记载，此地西汉时已有陵，西汉末年，绿林、赤眉军兴，邑人担心乱兵发掘，遂将陵墓夷为平地。唐代，佛教传入，陵前建有佛寺，名曰"唐兴寺"。虽然佛教传入，但陵前仍"时有奉祀"炎帝。

炎帝陵自宋太祖乾德五年（967）建庙之后，迄今已有千余年历史，随着历代王朝的兴衰更替，炎帝庙也历尽沧桑，屡建屡毁，屡毁屡建。宋太宗太平兴国年间（967—983年），宋太宗降旨，将鹿原陂炎帝庙移于茶陵县城南五里处。此后二百余年，朝廷官府祭祀炎帝神农氏的活动，均在茶陵县城南炎帝祠庙进行。以后历代历朝，炎帝陵屡毁屡建。

改革开放后，炎帝陵又重新修建。1986年，由酃县（今名炎陵县）人民政府主持，陵殿修复工程动工，到1988年胜利竣工。重修后的炎帝陵殿，规模较前稍有扩大，整个建筑占地面积三千八百三十六平方米。

现在炎帝陵殿，分为五进。第一进为午门，第二进为行礼亭，第三进为主殿，第四进为墓碑亭，第五进为墓冢。殿外修复了咏丰台、天使馆、鹿原亭等附属建筑。整个建筑金碧辉煌，重檐翘角，气势恢宏，富有民族传统风格。

始祖黄帝

黄帝是中华五帝之首。五帝即黄帝、颛顼（zhuān xū）、帝喾（kù）、尧、舜。五帝大约在公元前二十六世纪至约公元前二十一世纪初。黄帝是中华民族的创始祖。

黄帝的降生极富神秘色彩。黄帝是少典的儿子，姓公孙，名叫轩辕。那么，其父少典是谁呢？据说，少典来历不凡。他是伏羲帝和女娲帝的直系第七十七代帝，是有熊国的国君。有熊国位于现在的河南新郑的轩辕丘一带。少典有一位妇人名叫附宝，也是神仙一类的人物。

关于黄帝的出生有四个版本：

第一个版本，是天帝托胎而降的。

第二个版本，是雷神下凡

而生的。

第三个版本，是电光击打而孕的。 说附宝被电光击打，由此怀孕，孕期长达二十四个月，最后生出了黄帝。

第四个版本，是飞龙演变而来的。 刚下生时是"黄龙体"，并长着奇特的"四面"，即是说，四面都有脸。他生下来，就能驾驭百神，控制四方，主司风雨雷电，进而成为创造天地万物之神。

这四个版本，都在说明黄帝不是一个平常的凡人，而是一位造福人类的神仙，是"生而神灵，弱而能言"。他的先世不凡，他的出生不凡，他的长相不凡，他的作用不凡。他是一位充满神秘色彩的非凡的神仙。

黄帝的创业充满艰难曲折。当时，中国境内居住着许多民族。有一个民族叫诸夏，诸夏因居住地域的差别，分为两个支派：一派是姜姓的炎帝，一派是姬姓的黄帝。黄帝族和炎帝族属于兄弟族，都是

有熊氏国君少典的后裔。

从《史记》的记载来看，轩辕的时代，天下大乱，诸侯互相征伐。主要是居于领导地位的神农氏势力衰减，各路诸侯乘势崛起，"神农氏世衰，诸侯相侵伐，暴虐百姓"。而神农氏"弗能征"，不能够征伐压服作乱的诸侯。在这种情况下，具有远见卓识的轩辕，"习用干戈"，扩充军备，积极备战，并投入军力，讨伐不服从的诸侯，"以征不享"，逐渐地"诸侯咸来宾从"。

当时主要有三股政治军事力量。一股是轩辕，一股是蚩尤，一股是炎帝，"而蚩尤最为暴，莫能伐"，蚩尤是一块难啃的骨头，只得先放一放。炎帝这股力量不能小瞧，他还时不时地侵凌其他诸侯。因此，各路诸侯都向轩辕靠拢，"诸侯咸归轩辕"。

轩辕审时度势，看到目前举兵不利，所以，他同其他两股力量寻求暂时的和平，而修炼内功。"轩辕乃修德振兵，

治五气，艺五种，抚万民，度四方"，积极从事物质和精神两个方面的准备。

黄帝的一生曾先后打了两次大仗。

第一次是与炎帝打的。战争的原因是因为"炎帝欲侵凌诸侯"，诸侯没有办法，到轩辕那里求救，"诸侯咸归轩辕"。条件成熟了，轩辕向炎帝发起攻击，"与炎帝战于阪泉（今河北省涿鹿县东南，一说今山西省运城解池附近）之野"。此战轩辕取得了胜利，"三战，然后得其志"。

第二次是与蚩尤打的。战争的原因，司马迁说："蚩尤作乱不用帝命。于是，黄帝乃征师诸侯。"一种传说，炎帝遭到了蚩尤的侵袭。蚩尤是南方九黎族的首领，是个妖怪。据说他长相奇特，剽悍异常。他头上长有犀利的犄角，四只眼睛，六只手，脸上的鬓毛硬如刀剑，牛一样的蹄子。牙齿锋利，吃的是铁块、石头和沙子。不仅如此，他还有八十一个兄弟，实质是八十一个部落，个个如凶神恶煞。蚩尤打败了炎帝，并对轩辕虎视眈眈。炎帝向轩辕求救。于是，轩辕和炎帝组成联盟，共同抗击蚩尤的侵犯。

不管是哪种传说，总之，"黄帝乃征师诸侯，诸侯与蚩尤战于涿鹿之野，遂擒杀蚩尤"。最终，他们在涿鹿（今河北省涿鹿县）之野展开决战，杀得昏天黑地，人仰马翻。轩辕终于活捉了骁勇善战的蚩尤，并将其处死。自此，迎来了天下太平。"而诸侯咸尊轩辕为天子，代神农氏，是为黄帝"。就这样，黄帝成为统一诸夏族的第一人。

黄帝族和炎帝族合并，统称华夏族。华夏族就是汉族的前身。华夏族认为自己居于中原大地的中心地带，是鲜花之中心，因此，自称中华（花）。原来是指黄河流域一带，后来凡是其统辖的地方就都称为中华，亦称中国。延续至今，中华民族就成为我国五十六个民族的总称，黄帝就自然成为我们中华民族的始祖。

黄帝的举措堪称文明的开端。在统一后的中华大地，黄帝意外地得到了象征国家权力的宝鼎——"获宝鼎"，这是上天授予黄帝权力的有力证明。黄帝大展宏图，开疆扩土，定鼎四维，政通人和，百废俱兴。据说，黄帝的妻子是嫘（léi）祖，"嫘祖为黄帝正妃"，嫘祖发现了蚕丝；黄帝的史官是仓颉（jié），仓颉发明了文字；黄帝的臣子大挠（náo），创造了干支历法；黄帝的乐官伶伦，制作了乐器。

总之，黄帝鼓励发明创造，倡导发展文化。在他的提倡下，开辟了道路，建筑了宫室，发明了车船，节约了器物，抽出了蚕丝，漂染了衣服，创造了文字，发现了音律，顺应了四时，做出了干支。在物质文明和精神文明两个领域，黄帝都取得了骄人的伟大成果，使中华民族从此走上了文明的康庄大道。从野蛮到文明，这个领路人就是中华民族的始祖黄帝。

因此，黄帝是中华民族的人文初祖或文明始祖，评价准确，当之无愧。

陕西省黄陵县有轩辕黄帝陵。《史记·五帝本纪第一》记载："黄帝崩，葬桥山。"桥山，《尔雅》云："山锐而高，曰桥也。"此山又尖又高，故称桥山。桥山位于陕西省黄陵县城北，山下沮（jǔ）水流过，山上古柏万棵。轩辕黄帝便安卧于此。

该陵始建于春秋时期，历经数千年，号称"天下第一陵"。陵内有轩辕手植柏，相传为轩辕黄帝亲手所植。此柏高十九米，树干下围十米，中围六米，上围两米，遒枝苍劲，柏叶青翠。前行有碑亭，亭内立有毛泽东手迹"祭黄帝陵文"和蒋中正手迹"黄帝陵"碑石。如今，这里成为一个圣地。世界各地的炎黄子孙，纷至沓来，凭吊先人，礼拜始祖。

创世神女娲

女娲是中国历史神话传说中的女神，是三皇之一。她的功绩，使她成为中华民族的创世神和始祖神。可以毫不夸张地说，她是中华民族的伟大母亲。

相传她对中华民族有三大特殊贡献：一是抟土造人；二是设置婚姻；三是炼石补天。

第一大贡献是抟土造人。据说，女娲形象奇特，是人头蛇身。同时，她神通广大，无所不能。她能够化生万物，"一日七十化"，就是说，一天可以变化出七十样东西。女娲眼观大地，白茫茫一片真干净，什么也没有，显得十分凄凉。她悲天悯人，欲创造万物，创造人类。她计划用七天时间，来进行创造。正月初一创造鸡，初二创造狗，初三创造羊，初四创造猪，初五创造牛，初六创造马。这六天，她创造了六畜，给人类提供了生产资料和生活资料。初七，女娲创造了人。她用黄土和溪水，按照自己的模样，抟成一个个小泥人。她不辞辛苦，抟了一批又一批。但是，她觉得速度还是太慢。于是，她把一根藤条蘸上泥浆，然后挥舞起来。泥点子挥洒在大地上，个个点子都变成了人。这就是抟土造人。

第二大贡献是设置婚姻。仅仅有人是不够的，必须解决人的繁衍问题。女娲想到了用男女婚姻，来解决这个棘手问题。据东汉应劭著《风俗通义》载："女娲祷神祠，祈而为女媒，因置婚姻。"即是说，女娲亲自到神祠去祈祷，祈祷神明回答如何解决人类的繁衍问题。神明回答她，可以设置婚姻，用男女婚配的方法来繁衍人类。这是一个伟大的发现，发现了人类可以用自身的力量，传宗接代，繁衍下去。

《礼记·明堂位》云："垂

之和钟，叔之离磬，女娲之笙簧。"这是说，和钟是垂发明的；离磬是叔发明的；笙簧是女娲发明的。《魏书·乐志序》云："伏羲弦琴。"可见，伏羲和女娲兄妹二人还是乐器始祖。两人由兄妹而夫妻，又都擅长乐器抒情，难怪多数音乐作品都与爱情有关。

第三大贡献是炼石补天。据西汉刘安著《淮南子》记载，水神共工和火神祝融因故吵架，并大打出手，最后祝融打败了共工。水神共工因失败而羞愤难当，朝西方的不周山撞去，不周山崩塌了。孰料，不周山原来是一根撑天的柱子。撑支天地之间的天柱断裂，天倒塌了半边，露出了一个大窟窿，地也陷了一道大裂缝，山林烧起了大火，洪水从地底下喷涌出来，龙蛇猛兽也出来吞食人类。人类面临着空前的灾难。

女娲目睹人类遭遇的劫难，痛苦万分，她决心设法补天，以拯救人类。她选用各色各样的五色石子，架起烈火将它们焚烧成石浆，用这种石浆来补天上的大窟窿。随后，又斩下一个大龟的四只脚，把四只脚当作四根柱子，支撑起倒塌的半边天。女娲还擒杀了残害人类的黑龙，刹住了龙蛇的嚣张气焰。最后，为了堵住四处漫流的洪水，女娲还收集了大量的芦草，把它们焚烧成灰烬。然后，用这些灰烬来堵塞四处漫流的洪水。

经过女娲的辛勤整治，苍天补上了，大地填平了，洪水止住了，龙蛇敛迹了。人类又重新过上了安乐的生活。女娲为人类的生活创造了完美的自然环境。

中国各地有很多女娲庙宇。如山西省霍州市的娲皇庙、甘肃省秦安县女娲庙和女娲洞、甘肃省天水市女娲庙、山西省洪洞县娲皇庙、河南省周口市西华女娲庙、河北省涉县娲皇宫等。每年农历三月初一是女娲诞辰日，这一天，一些女娲庙如西华女娲庙和涉县娲皇宫都会举行盛大的庙会。其中，涉县娲皇官庙会据说已有一千四百年的历史了。

佛祖如来佛

平时经常说到佛。什么是佛？佛，是佛陀的简称，是Buddha的音译。佛陀的意思是觉者或智者，即是有觉悟的人或有智慧的人。佛不但能自觉，而且能觉他。佛陀是印度早就存在的一个词，但佛教赋予它完全不同的新的含义。佛陀是指在智慧和功行上，达到最高级最圆满境界的人。

什么是如来呢？如来，包含如实的意义。是佛陀的另一种说法。如释迦牟尼佛，可以称为释迦牟尼如来。

如来佛，就是释迦牟尼佛。

他是佛教的创始人，是佛门的第一神，是佛国的最高统领。

如来佛处于公元前六世纪，正是我国春秋时代，与孔子同时。他的名字是悉达多，他的姓是乔达摩。因为属于释迦族，所以人们又称他为释迦牟尼，意思是释迦族的圣人。其实，如来佛最早不是神，而是人，实有其人。

说来话长，释迦族是很有来历的。公元前十三世纪，释迦族就在喜马拉雅山的南麓建立起了迦毗罗卫国。迦毗罗卫

国传到六世国王净饭大王时，国家更加昌盛。净饭大王的夫人是贤惠的摩耶。有一天，摩耶夫人在睡梦中，感到有一个骑着大白象的奇人向她走来，人和象一下子从她的右肋钻入腹中，于是摩耶夫人怀孕了。摩耶夫人怀胎十四个月，在途经蓝毗尼花园时，在右肋诞生了可爱的小太子悉达多。这就应了圣者十四个月而生的圣人之言。小太子降生第五天，取名为悉达多，意思是成就一切或一切义成。

但是，不幸的事发生了。小太子诞生的第七天，摩耶夫人就去世了。不幸中有幸的是，摩耶夫人的小妹摩诃波阇波提公主，前几天来向姐夫净饭大王和姐姐贺喜。姐姐的突然离世，使得摩诃波阇波提公主心如刀割。她看到小悉达多十分可怜，就主动提出留下来照顾小太子。净饭大王非常感激。摩诃波阇波提公主精心地呵护着小悉达多。三年之后，摩诃波阇波提公主被选为净饭大王的王妃。

悉达多天资聪颖，酷爱思考，智力超常，毅力过人。印度最高的学术是"五明"和"四吠陀"。所谓五明，一是语言、文字学方面的声明；二是工艺、建筑学方面的工巧明；三是医学方面的医方明；四是逻辑学方面的因明；五是宗教学方面的内明。在这五明当中，每一明又包含了许多内容。譬如说声明，它就包含了语言学的全部内容。古印度一向不重视历史的文字记载，包括对于重大的历史事件，也都是口口相传留给后人的。因为没有文字可以参考，所以，要研究语言文字本身的问题，其难度是超乎想象的。

所谓的"四吠陀"，它是印度最古老的宗教经典著作，产生于公元前十五世纪至前十三世纪。因为它由四部或者说四大门类组成，所以称为"四吠陀"。"吠陀"的意思是"知识""学问"。

净饭大王为使悉达多尽快

印度新德里市德里博物馆珍藏的佛陀头像雕塑

学会五明，特聘著名的五明大师婆罗门学者跋陀罗尼为太子的老师，学习五明；又特聘著名学者拜迦蜜和忍天所为师，学习四吠陀。

从七岁到十二岁，悉达多刻苦学习了五年。悉达多的学问猛进，知识倍增。他完全掌握了五明和四吠陀。他的智慧像海一样深邃，像天空一样广袤。老师跋陀罗尼深深地感到，自己已经没有能力再教授这个弟子了。于是，跋陀罗尼提出辞呈，辞去了太子老师的荣耀职务，离开了王宫。但是，跋陀罗尼此时已经看出了悉达多的出家倾向。

悉达多在过完十二岁生日的第一个元旦，净饭大王让悉达多拜见了拜迦蜜和忍天所。从此，开始了长达四年的习武阶段。经过四年的学习，悉达多的武艺精进，无人能比。

十七岁的悉达多，一身正

印度新德里市德里博物馆珍藏的公元一世纪雕像——佛祖与蓬头外道

气，热爱众生，不恋女色，但却出现了出家的苗头。净饭大王看着儿子不食人间烟火的模样，担心他出家，很是焦急，准备用说亲的办法，收拢儿子悉达多的心。净饭大王为悉达多选中了一个妃子，这就是邻邦天臂城主善觉大王的长女耶输陀罗公主。公主生得闭月羞花，倾国倾城。净饭大王亲自为儿子去求婚，但善觉大王提出了竞选女婿的做法，以免邻国为此发生争端。净饭大王对此表示理解，就动员悉达多参加了竞选。经过层层文武比拼，悉达多脱颖而出，力拔头筹，当上了耶输陀罗公主的夫婿。

佛陀为什么要结婚呢？原来悉达多太子和耶输陀罗公主的姻缘颇有来历，早在无量劫前便已结下。那时，悉达多是波罗奈城中的一个有地位的长者的儿子，身份高贵；而耶输陀罗则是地位低下的一个铁匠的女儿。一天，长者的儿子看中了铁匠的女儿，就告诉父母，要娶她为妻。开始长者不同

意，后来长者同意了，铁匠又不同意。经过重重波折，有情人终成眷属。正是这无量劫前的一段姻缘，才使后来悉达多太子娶了耶输陀罗公主为妻。

同样，也是由于无量劫前的姻缘所系，悉达多太子在父亲净饭大王的操持下，又先后娶了摩奴陀罗和大臣檀茶波尼的女儿檀茶瞿多弥为妻。并且，净饭大王为太子立三等宫：第一宫，以耶输陀罗公主为首，有两万名彩女于初夜服侍太子；第二宫，以摩奴陀罗为首，有两万名彩女于半夜服侍太子；第三宫以檀茶瞿多弥为首，也有两万名彩女于后夜服侍太子。服侍太子的彩女共有六万名。净饭大王想以此拴住悉达多太子的心。

悉达多太子和耶输陀罗公主成婚后，性格发生了变化。他和耶输陀罗公主，男欢女爱，十分相得。净饭大王看着高兴，以为自己的计划就要实现了。

转眼十年过去了。悉达多

太子在王宫里荣华富贵，养尊处优。有一天，悉达多太子得到优美旋律的暗示，忽然想到京城郊外去畅游一番。第一次出东门，他碰到了一个衰朽不堪、沿街乞讨的老人；第二次出南门，他碰到了一个身患重病、呻吟不止的病人；第三次出西门，他碰到了一个没有思想、没有情感的死人。

三次出游，悉达多太子看到了人生的老、病、死三种苦相。他由此百感交集，思绪丛生。他陷入了深深的思考，企图寻求拯救芸芸众生的良方。

净饭大王得知悉达多走火入魔，担心他会要求出家。所以，在有充分准备的前提下，答应悉达多第四次出北门郊游。不承想，悉达多郊游回来，就径直向净饭大王提出了出家的请求。原来，这第四次出北门，他碰到了一个须发剔除、踽踽独行的僧人。悉达多同这位僧人进行了初步交谈，知道了什么是出家人，出家人是为拯救众生的，是最伟大的。悉达多认为自己终于找到了答案，遂决意出家。

净饭大王给悉达多设置了美女羁绊和武力防范等重重障碍。但悉达多去志已决，他终于星夜离宫，逃出了迦毗罗卫国。悉达多割断黑发，换上袈裟，表示自己已经出家了。

悉达多风尘仆仆，来到跋迦婆仙人修道的苦行林，受到热烈的欢迎。他表示要参观跋迦婆仙人修行的方法，得到准许。几个苦行仙人带领悉达多参观了苦行者的修行方法。他看到苦行者的生活极其艰难，有的吃菜，有的吃草，有的吃树枝，有的吃牛粪；有的修站行，有的修坐行，有的修倒立，有的修止语；有的躺在荆棘上，有的躺在石板上，有的卧在树干上，有的睡在坟岗上。

悉达多是善于独立思考的。参观后，他对用苦行的方法来换取因果报应感到不满。于是，他离开此地，去寻找新的修行之道。悉达多找到了阿罗蓝大仙人。他虚心求教，在

斯里兰卡佛祖塑像

很短时间里，就证得了阿罗蓝所说的最高境界，得到了甚至高于阿罗蓝大仙人的果位。后来，悉达多辗转来到迦耶王仙的旧城。他看到，此地山川秀美，花果满枝，就决定在此修炼。悉达多决定每天只吃一米，或一豆、一麦，以求活命。悉达多一炼就是六年。他的道心增长，境界提高。但是，他的身体却受到极大摧残，面貌衰老，四肢僵硬。悉达多总结教训，认为这种形式上的修炼与苦行者没有什么区别，就决心放弃这种修炼方法。

悉达多放弃了六年的苦行生活之后，迤逦来到了迦耶山。在此，他发现了一棵又粗又大的毕钵罗树，枝繁叶茂，犹如巨大的太阳伞。树下有一块平整的巨石。悉达多仔细观察了这棵大树和这块巨石，感到这是上苍提供给他的极好的修道场。于是，他决心在此修道。悉达多发下大誓愿：“我若不证得无上大菩提，宁可碎是身，决不起此座！”悉达多没有违背自己的诺言，他在迦耶山的毕钵罗树下入定了整整四十九天，终于成为大觉尊佛陀了。这一天，是腊月初八。悉达多所成就的佛陀妙果概括起来说，是十二因缘、四圣谛、八正道。

此时，佛陀悉达多想起了追随自己多年的憍陈如等五人。他们五人本来是迦毗罗卫国王师中人。悉达多逃出迦毗罗卫城时，他们被派去追寻悉达多太子。后来悉达多出家了，他们五人也出家了。悉达多在找寻新的修道之法时，离开了他们五人。五人却继续苦行修炼。

悉达多在波罗奈国的鹿野苑找到了憍陈如、摩男跋提、十力迦叶、摩诃俱利和阿说示五人，并向他们宣讲了十二因缘、四圣谛、八正道等大法。他们受到了极大触动，心中豁然开朗，表示从此奉行这个救世大法。由于他们善根深厚，在悉达多佛陀的教化下，当即就证得了阿罗汉果。这是悉达多成佛后的第一次说法，在佛教史上被称为"初转法轮"。憍陈如等五人是佛陀最初度化的出家弟子，被称为"初度五比丘"。

这样，就产生了佛教三宝：释迦牟尼成就佛陀正果，称为"佛宝"；佛陀成道后所演说的四圣谛等法，称为"法宝"；佛陀初度的五比丘，称为"僧宝"。三宝具备了，佛教从此就流布天下了。

之后，佛陀悉达多想教化一个有威望的修行人，以此来教化更多的人。佛陀相中了已经一百多岁的优娄频罗迦叶。他是祀火婆罗门的教主，又是摩揭陀国国王的师父，自以为是，目空一切。迦叶有兄弟三人，他是老大领有五百弟子，老二领有三百弟子，老三领有

二百弟子。三迦叶兄弟的外甥还领有二百五十弟子。佛陀和不可一世的大迦叶斗法，终于征服了大迦叶。这样，三迦叶兄弟及其外甥和他们领有的一千二百五十人就都皈依了佛陀。一千二百五十人出家，成为阿罗汉。

佛陀率领一千二百五十位弟子，应摩揭陀国国王频婆娑罗王的邀请，来到了摩揭陀国首都王舍城。佛陀看中了其城外的灵鹫山。这里林茂花织，水流鸟唱，是个修行的好地方。于是，佛陀决定在这里说法修行。因为佛陀悉达多给摩揭陀国带来了无比祥瑞，频婆娑罗王决定把美丽的迦兰陀竹园赠给佛陀，建议在此建立一个大的精舍，给佛陀长期居住和说法。佛陀高兴地接受了频婆娑罗王的布施。半年后，一座比王宫更宏伟的建筑拔地而起。精舍由佛陀命名为竹林精舍。它分为十六座大院，每院有六十间房舍。另有五百座楼阁，七十二间讲堂。竹林精舍是世界最早的佛教寺院。佛陀经常在这里说法开化，导凡拯俗。后来逐渐形成了以佛陀为中心的佛团组织。

佛陀在传道初期曾经得到两位大弟子，一个是智慧第一的舍利弗，一个是神通第一的目犍连。

后来，憍萨罗国的国王波斯匿、太子祇陀、大臣须达等，为佛陀建造了一个新的精舍。佛陀给它命名为祇树给孤独园精舍。这个精舍，富丽堂皇，美妙绝伦。有寝室数百间，还有礼堂、讲堂、集会堂、休养室、浴池、客堂、储藏室等，规模远远超过了竹林精舍。佛陀很喜欢这个地方，以后经常在这里讲法。释迦牟尼佛陀的影响遍及印度，但他长期居住的地方却是王舍城和舍卫城。特别是舍卫城，他在这里居住了二十五年。释迦牟尼的经典大部分是在这两个都城宣讲的。

后来，释迦牟尼佛出舍卫城，一路讲经说法，来到了拘

印度比哈尔邦伽耶市
菩提伽耶佛祖悟道处佛祖塑像

尸那揭罗城。拘尸那揭罗城是末罗国的都城。释迦牟尼佛在都城郊外涅槃。末罗国人举行隆重的仪式，末罗族青年将释迦牟尼法体放入特制的金棺，然后想把金棺抬回城里。但是，无论来多少人也抬不动。然而，金棺却轻轻升起，向城里飞去。金棺并没有进城，而是绕城数圈之后，向城外的天冠寺飘去，安稳地落在天冠寺内。

金棺置放在香楼上，焚烧了七天七夜。但是，打开金棺后，释迦牟尼佛法体完好如初。人们见此情景，都大吃一惊。过了一会儿，坚如金刚的法体突然粉碎为无数颗粒状的舍利，还有四颗完整的佛牙舍利。舍利被分成八份，由八个国家均分了。另有迟到的两国的代表，一个捡拾碎骨小块，一个扫骨灰，共合十份，各造一塔供养，总计十塔。

佛祖涅槃处——
印度拘尸那罗的
圆寂寺和圆寂塔

布袋和尚弥勒佛

弥勒佛有两位，一位是印度的洋弥勒，一位是中国的土弥勒。

洋弥勒，姓阿逸多。弥勒是他的名字，是梵文的译音，意译是慈氏。那时他是菩萨，还没有成佛。据《弥勒上生经》和《弥勒下生经》的记载，弥勒佛生于印度南天竺婆罗门家，是一个贵族，是释迦牟尼佛的弟子。他负有特殊的使命，先于释迦牟尼佛离开人世，上生兜率天内院，接受上天的洗礼。兜率天即"妙足天"，是候补佛的基地。经过四千岁，即人间的五十六亿七千万岁，弥勒佛下生人间，于华林园龙树下成佛。释迦牟尼佛死后，他作为接班人，广传佛法，成为佛教领袖。因此，弥勒佛被称为弥勒如来。相传，弥勒佛活了八万四千岁。

土弥勒，名叫契此。五代时后梁的和尚。浙江奉化人，号长汀子。这是一位充满神秘色彩的怪和尚。他的长相很奇特，身材矮胖，肚腹滚圆。他用一根破木棍，挑着一个破布袋，布袋里装着他所有的家当。他居无定所，随处而安，还经常说出一些让人摸不着头脑的话，像个疯和尚，人们给他起个外号叫布袋师。冬天，有时他躺在冰雪中，雪不沾衣。说人家吉凶祸福，屡试不爽。他脚着湿草鞋，天就要下雨；足履干木屐，天就要大旱。他曾作歌道："只个心心心是佛，十方世界最灵物。纵横妙用可怜生，一切不如心真实。万物何殊心何异，何劳更用寻经义。"他非常崇拜主观的心，认为心是"十方世界最灵物"。他有时作偈（jì）以自娱抒情。偈，是佛经中的唱词。曾偈道：

密宗爱神欢喜佛

"一钵千家饭，孤身万里游。青目观人少，问路白云头。"表现了他的乐天达观的性格。后梁贞明三年（916）三月，布袋和尚来到奉化岳林寺东廊，端坐在一块巨石上，说偈曰："弥勒真弥勒，分身千百亿。时时示时人，时人自不识。"

唱罢，布袋和尚安然而逝。这时人们才恍然大悟，原来布袋和尚是弥勒佛的化身。回想起布袋和尚生前种种奇特的表现，人们终于找到了答案。于是，人们把他的肉身埋葬在岳林寺西二里的山上，并起名弥勒庵。此后，人们按照布袋和尚的形象雕塑成弥勒佛，置放于天王殿正中，虔诚膜拜。

欢喜佛是佛教密宗供奉的一种佛像，原为印度古代传说中的神。这个神，梵文称为俄那钵底，可译为"无碍""喜欢"，所以称为"欢喜佛"。欢喜佛是藏传佛教密宗的本尊神，是佛教中的"欲天""爱神"。在喇嘛寺里，几乎都供奉此种佛像。

欢喜佛的造型十分奇特，极富想象。大体分为两类，一类是单体的，一类是双体的。这些佛像奇形怪状，其含义不得索解。有的多个脑袋，有的多只手臂；有的腰间挂人头，有的脚下踩男女；有的双抱交媾，有的单身裸立。相貌丑陋者有之，模样俊俏者有之。但欢喜佛最常见

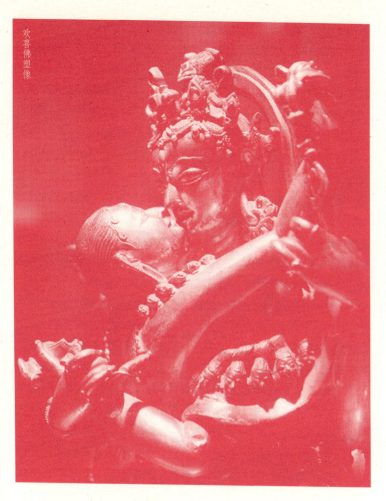

欢喜佛塑像

的形象是男女裸体相抱交媾。
在历来宣传戒淫欲的佛教的寺
院里，居然堂而皇之地供奉着
此种神像让人们顶礼膜拜，这

不是有伤风化吗？

　　其实，佛教密宗的这些神
像的崇拜，是和印度教有着千
丝万缕的关联的。佛教和印度

教在形成过程中，本来就存在很大差异。佛教否认有主宰一切的神，而印度教则主张万物都是由无所不能的梵天神创造的。佛教主张"中道"，反对偏激；而印度教的不同派别，有的主张自我折磨，有的主张放纵声色。但是，不可否认的是，佛教为了延续自己的发展，也相应地吸收了印度教的一些内涵，演变为密宗。佛教艺术吸收了印度教艺术的一些特色，丰富了佛教艺术。在佛像艺术上，佛教引进了护法神，出现了多头多臂的菩萨像、愤怒凶恶的神佛像，还有男女双修的暴露形象。

欢喜佛，无论是单体的还是双体的，都是裸体的，一丝不挂，一尘不染，象征脱离生垢界，脱离尘垢凡界。双体相抱，男性代表方法（方便），女性代表智慧，即所谓方法与智慧相结合的意思。男女相合为一完人，圆满俱足，修证所得，就是欢喜，就是快乐。但这个欢喜和快乐，是信念的象征，而不是男女的淫乐。

欢喜佛的来历，有个神话传说。《四部毗那夜迦法》上说，观世音菩萨悲悯天下众生，运用慈善法力将自己变化成女人毗那夜迦的模样，来到欢喜王的住地。欢喜王看见毗那夜迦生得美丽，陡起淫心，想要拥抱对方，遭到拒绝，于是只得以礼相待。这时，女子娓娓说道，我虽是女子，但很早就笃信佛教，并得到袈裟衣钵。你实在要和我亲近，可以随我教，成为佛教信徒。等待来世，为佛护法，不作业障，不生恶心，这样才能成为我的亲友。欢喜王听得这番话，非常高兴，说道："我按照缘分遇上你，从今以后，我定跟随你们护法，做善事。"于是，毗那夜迦女含笑与他相抱。因此，人们以后看到的欢喜佛都是男女双佛相抱的形状。

极乐世界阿弥陀佛

阿弥陀佛是西方极乐世界的教主。佛教典籍认为，从地域讲，有三个世界，也有主宰三个世界的三尊佛。他们是东方净琉璃世界的药师佛、婆娑世界的释迦牟尼佛和西方极乐世界的阿弥陀佛。阿弥陀佛是梵文，译为无量寿。

相传，西方有一个国家叫极乐。这是佛教宣传最广、影响最大的佛国净土。为什么叫极乐呢？因为这个国家里的百姓，没有任何痛苦，尽情地享受着诸般快乐。这个国家，其国土铺满黄金。到处是七宝池水，池底布满金沙。所有的街道，都是金银铺就。亭台楼阁，是金银琉璃制成。国中飞禽鸟雀，叫声婉转悦耳；国中树木花草，芬芳沁人心脾。这个国家之所以如此美好，都是因为百姓笃信佛教。百姓供奉了十万亿尊佛像，念佛之声不绝于耳。因此，阿弥陀佛关照此地，使之成为极乐世界。

芸芸众生都希望来世能够进入极乐世界。那么，百姓怎样才能升入极乐世界呢？佛书告诉信徒，方法很简单，只要时时刻刻地诵念"阿弥陀佛"名号，阿弥陀佛就会接引念佛者往生西方极乐世界。这是老百姓进入极乐世界的捷径。因此，阿弥陀佛又被称为接引佛。他在寺院的塑像，也多作接引众生的姿势，右手垂下，作与愿印。左手当胸，掌中有金莲台。据说，这金莲台就是众生往极乐世界的座位。

阿弥陀佛有十三个名号：无量寿佛、无量光佛、无边光佛、无碍光佛、无对光佛、焰王光佛、清净光佛、欢喜光佛、智慧光佛、不断光佛、难思光佛、无称光佛、超日月光佛。

安乐众生观音菩萨

观音菩萨是观世音菩萨的略称。观世音，为梵文意译，也译为"光世音"。唐太宗年间，因避李世民名讳故，去掉"世"字，略称观音。为什么叫观世音呢？《法华经》说："苦恼众生，一心称名，菩萨即时观其音声，皆得解脱，以是名观世音。"这是说，陷入痛苦境界的芸芸众生，如果想要摆脱痛苦之地，就要一心一意地念颂菩萨的名字。这样，深知一切的菩萨，就会"观"到你的声音，就会将你解脱，使你脱离苦海，度你到极乐世界，去尽享荣华富贵。因此，这位菩萨就被叫作观世音。

观世音菩萨，是菩萨当中知名度最高的，无人不知，无人不晓。在中国，她的名气甚至超过了释迦牟尼佛。佛界有四观音、六观音、八观音、三十三观音之说。在四大观音菩萨中，观世音菩萨是首屈一指的。佛家把全世界划成四大部洲，称为东胜神洲，南瞻部洲，西牛贺洲，北俱芦洲。中国所在的南瞻部洲有四座名山，号称佛国。这四座山，就是安徽九华山，山西五台山，四川峨眉山，浙江普陀山。管领这四座山的，分别为地藏王菩萨、文殊菩萨、普贤菩萨、观音菩萨四位大士，即佛教四大菩萨。故九华礼地藏王，称为大行；五台礼文殊，称为大智；峨眉礼普贤，称为大勇；普陀礼观音，称为大慈。四大菩萨中，最受景仰的就是观世音菩萨。一般信徒的脑海里，都深嵌着一尊观世音菩萨的法相。

他们相信观世音菩萨既大慈大悲，又法力无边。

观世音菩萨到底是男是女？我们看到的观世音菩萨的法相，有的是男人打扮，有的是女士装束。其实，观世音的形象在佛教历史上有一个曲折的演变过程。最早的观世音不是人，而是动物。她最早的原形是一对神马驹。在古印度的婆罗门教中有一对活泼的孪生的小马驹，叫观世音。它们是一对善神，做了很多善事。佛教产生后，小马驹观世音被改造成马头观世音。后来这个马头观世音又发展成一个威猛男子的形象。

观世音传到中国，开始也是男子的形象。什么时候在中国出现了女性观世音造像的呢？对此，学者有两种说法。一种说法认为最早的女性观世音造像始于南北朝，盛行于唐朝。另一种说法则表示唐朝没有女性观世音造像。他们考据北宋官方编制的《宣和画谱》，发现唐宋名手写观音像很多，但没有饰妇人冠服的。北宋官方编纂的记载汉代至宋初野史的《太平广记》有这样一则故事：一个官员的妻子为神所摄，昏迷不醒。于是，他画了一幅观世音像供奉。官员的妻子遂梦见一个神僧将她救醒。以此不难看出，唐以前观世音的塑像，并非女子形象，都是男身。

大约在宋代以后，观世音的形象就逐渐变成女士了。据清弘赞著《观音慈林集》载，宋人翟楫，五十岁仍无子嗣，便绘画观音像虔诚地祈祷，其妻果然怀孕。一日，翟楫梦见白衣妇人持银盘送来一个可爱的胖小子。他非常喜欢，起身欲抱，不承想，一头牛突然出来，挡住了他的去路，竟然抱不着。翟楫梦醒，不明所以，便虔诚祈祷。有人告诉翟楫说，你爱吃牛肉，牛当然挡你的路了。他恍然大悟，于是发誓全家不再吃牛肉。不久，翟楫又梦见那个白衣妇人送胖小子。几个月后，其妻果然生下一个男孩子。这个故事里的观世音，就是女性。

其实，观世音菩萨很早就已经成佛了。据北魏昙无谶译《悲华经》记载，西方极乐世界教主阿弥陀佛涅槃之后，观世音就成佛了，名为"遍出一切光明功德山如来"。据唐伽梵达摩译《千手千眼观音菩萨广大圆满无碍大悲心陀罗尼经》记道，观世音菩萨以不可思议的强大之神力，在过去无量劫中，已经成佛，号"正法明如来"。为了安乐众生，现身做了菩萨。还有的佛教经典记载，观世音菩萨是阿弥陀佛的左胁侍，是西方三圣之一。西方三圣即阿弥陀佛、观音菩萨、大势至菩萨。

有三个日期对所有观音菩萨的信徒来说是最重要的日子，即观音菩萨的诞辰日（农历二月十九）、成道日（农历六月十九）、出家日（农历九月十九）。中华民国大总统黎元洪，因其生日恰在农历九月十九，亦被称为"黎菩萨"。

道教最高神玉皇大帝

玉皇大帝，全称"昊天金阙无上至尊自然妙有弥罗至真玉皇上帝"，亦称"玄穹高上玉皇大帝"，简称"玉皇大帝"或"玉皇"。他上掌三十六天，下握七十二地，天地之间，一切人鬼神怪，均由其掌握。

玉皇大帝如此能耐，他的出身也非常显赫。据道教经典《高上玉皇本行集经》载，其为光严妙乐国的王子，舍弃王位，于普明香严山中，学道修真，辅国救民，度化群生，历三千二百劫后，始证金仙，号曰清净自然觉王如来，又经亿劫，始证玉帝。

重庆市大足区大足石刻之玉皇大帝与王母娘娘像

玉皇大帝这个称呼是何时出现的,众说不一。有的论者认为,唐朝以前没有玉皇大帝的称谓。但也有的论者认为,在六朝以前就有了玉皇大帝的称谓了。到了唐朝,玉皇大帝的称谓就很普遍了。比如,唐朝大诗人李白就写诗道:"不向金阙游,思为玉皇客。"唐

朝诗人赋诗引用"玉皇"一词,所在多有。

到了宋朝,玉皇大帝的地位有了空前的提高,达到了登峰造极的地步。据《宋史·礼志七》记载,宋真宗大中祥符八年(1015),皇帝赵恒"上玉皇大帝圣号曰太上开天执符御历含真体道玉皇大天帝"。宋

道教源流

三清像,《新刻出像增补搜神记》,
明金陵唐氏富春堂刊本,明万历元年,1573 年

徽宗政和六年 (1116)，皇帝赵佶又"上玉帝尊号曰太上开天执符御历含真体道昊天玉皇上帝"。

玉皇大帝是道教权力最大的神，在道观中都要供奉的。凡是玉皇阁、玉皇庙和玉皇观，里面都有玉皇大帝的造像。玉皇大帝的生日是农历正月初九，叫玉皇诞。这一天，道观要举行盛大的祝寿道场，庆祝玉皇大帝的诞辰。腊月二十五是玉皇大帝的出巡日。据说，这一天玉皇要下界巡视考察人间的善恶祸福。道观要举办道场，迎接玉皇的圣驾；民间也要接送玉皇。

虽然玉皇大帝很厉害，但在道教中，他仍居"三清"之下，是"三清"的辅佐神。"三清"有四位级别最高的辅佐神，又称"四御"。他们是：玉皇大帝、紫微大帝、南极大帝、后土皇地祇。此外，道教还有"六御"说，即加上了天皇大帝和青华大帝。

10

分身救世太上老君

太上老君是道教对老子的尊称，中国历史上实有其人。据西汉司马迁所撰《史记》记载，老子姓李名耳，字聃，是道家学派的创始人。

据《史记·老子韩非列传》，老子是著名学者，曾经担任周王朝的守藏室史，相当于国家图书馆或博物馆馆长，当时就是一个大师级的名人。孔子很钦佩他，曾经向他问过古礼。后来，因为周室内乱，老子辞职，漫游到函谷关。函谷关的关长尹喜是一个虔诚的道家，对老子非常敬佩，请老子著书立说，老子就写下了《老子五千文》，亦称《老子》

《道德经》。

老子被神话始于东汉年间。益州太守王阜作《老子圣母碑》云："老子者，道也。乃生于无形之先，起于太初之前，行于太素之元，浮游六虚，出入幽冥，观混合之未别，窥浊清之未分。"就这样，老子被逐渐神化了。

此后，老子的出生亦被神化。据说，老子降生时恰巧看到一棵李树，他"生而能言"，指着李树说："这棵树就是我的姓了！"

老子的相貌也被神话了。东晋葛洪著《神仙传》说："（老子）身长八尺八寸，黄色美眉，长耳大目，广额疏齿，方口厚唇。"老子的耳朵不仅长，而且还"耳有三漏"，即是说，他每个耳朵上有三个孔。这表明老子耳聪目明，可以眼观六路，耳听八方。东汉名著《白虎通·圣人》说："禹耳三漏，是谓大通。"可见，老子的耳朵与大禹的耳朵如出一辙，均有神通。

神话了的老子被一个人相中了，他就是张道陵。东汉顺帝时（126—144），张道陵在巴蜀鹤鸣山创立五斗米道。据传，张道陵在传教布道时作的《老子想尔注》称："一散形为气，聚形为太上老君，常治昆仑，或言虚无，或言自然，或言无名，皆同一耳。"老子首次在道书中被命名为太上老君。从此，老子被神化为道教教祖，长期受到教徒的尊奉。

唐朝对老子的崇拜达到了极点。唐朝皇帝姓李，对本家姓李的老子格外关注。皇帝欲坐稳江山，就必须想方设法杜撰君权神授的神话。唐朝皇帝尊道教为国教，道教的地位得到极大的提高。唐太宗推崇《道德经》。唐高宗、唐玄宗又先后为老子加封尊号，推为宗室远祖。

太上老君的尊崇在道教中具有极为特殊的地位。各地太清宫、老君殿等道教观宫均是供奉太上老君之所。其中，陕西省周至县的楼观台尤为特殊。

周至县的楼观台已经有三千年的历史，是老子著书立说、传道讲经的道教发祥地，被称为仙都。这里现在已经建成了国家森林公园，供游人观瞻。此地素有"天下第一福地""洞天之冠"之美誉。这里的道教遗迹十分丰富，有说经台、化女泉、系牛柏、老子墓、宗圣宫等。说经台大殿有三尊塑像，中间的是老子，两侧的是尹喜和徐甲。徐甲是个不安分的弟子。离说经台不远处，有化女泉，传说是老子考验徐甲时，气愤地用铁棒猛然捅地而成。说经台西北处有一棵古柏，传说是当年老子骑牛入关时，拴系青牛的树木，叫系牛柏。而老子墓则在化女泉以西三公里处，墓冢呈椭圆形，高四米，占地二十平方米。古时，此处有吾老洞道观，据说藏有老子头骨，如今已荡然无存。

大地女神后土娘娘

后土皇地祇，全称是"承天效法厚德光大后土皇地祇"，是道教辅佐神"四御"中的第四位神。她是主宰大地山川的女性神。人们常说的"天公地母"，天公是玉皇大帝，后土皇地祇就是地母。

后土最早是做什么的？典籍说法不一，大体有三种说法：一是炎帝的后裔；二是黄帝的辅佐；三是幽都的主宰。

第一说，炎帝的后裔。《山海经·海内经》记道："炎帝之妻，赤水之子听沃生炎居，炎居生节并，节并生戏器，戏器生祝融，祝融降处于江水，生共工……共工生后土。"是说炎帝传至六代到共工。共工是古代神话传说中的水神，人面、蛇身、朱发。共工生下了后土。也就是说，后土是炎帝的七世孙。

第二说，黄帝的辅佐。《礼记·月令》记道："中央土，其日戊巳，其帝黄帝，其神后土。"西汉刘安著《淮南子·时则》："中央之极，自昆仑东绝两恒山，日月之所道，江汉之所出，众民之野，五谷之所宜，龙门河济相贯，以息壤堙洪水之州。东至于碣石。黄帝、后土之所司者万二千里。"根据这个记载，黄帝和后土，不仅是同时代的伙伴，而且是亲密的搭档。黄帝是帝王，后土是灵魂。他们的职司是掌管广袤大地。这块广袤的大地，西至高耸的昆仑，东到浩瀚的大海，约一万二千里。碣石是海洋的标志。

第三说，幽都的主宰。《楚辞·招魂》记道："魂兮归来，君无下此幽都些。"王逸注："幽都，地下后土所治也。地

后土娘娘像，
山西永乐宫壁画《朝元图》

下幽冥，故称幽都。"幽都，指阴间。是说后土是阴间的主宰。

以上三说，似乎第二说得到了发展。

后土皇地祇最初的形象是男性。《国语·鲁语》记载："共工氏之伯九有也，其子曰后土，能平九上，故祀以为社。"这是说，共工氏有子，名后土，是地神。还有一种说法，认为后土皇地祇是颛顼之子。《山海经》甚至将后土皇地祇写成夸父的爷爷。隋代以后，后土皇地祇开始以女性神仙形象出现。民间尊其为"后土娘娘"，将其供奉在后土祠中。

山西省万荣县西南四十公里处庙前村的汾阴后土祠（秋风楼），是神州大地上最古老的后土娘娘庙。古代帝王即位，都要郊祀社稷。万荣后土祠，是明以前历代帝王祭祀后土的庙宇。后土祠是海内祠庙之冠，北京天坛之源。它作为华夏根祖文化的源头，已越来越显现出其深邃的历史文化内涵。

据祠中保存完好的《历朝立庙致祠实迹》碑记和《蒲州府记》记载，"轩辕氏祀地祈扫地为坛，于睢（suī）上，二帝八员有司，三王泽岁举"。是说在四千多年前的轩辕氏时，在睢水岸边，扫地筑坛，选择吉日良辰，二帝三王八大员出席，举行了隆重的祭祀后土的典礼。

据北宋司马光主编的《资治通鉴》记载，汾阴后土祠正式建庙，始于汉文帝后元年（前163）。汉代祭祀后土形成了制度，每三年皇帝都要来这里举行一次大祭。汉文帝创建了秋风楼，以示尊崇。汉武帝刘彻，东岳封禅，汾阴祀土，并于汉武帝元鼎四年（前113）扩建汾阴后土祠，改庙为祠，定为国家宗祠，作为巡行之地。他一生曾八次祭祀后土，规模巨大，仪式崇隆，并创作了脍炙人口的千古绝赋《秋风辞》。据传，汉武帝刘彻巡视河东祭祀后土庙时，正值晚秋，于是在汾河舟中欢宴群臣，

慷慨高歌，写下了《秋风辞》。汉昭帝、汉宣帝、汉元帝、汉成帝、汉哀帝和东汉光武帝等先后来此祭祀达十一次之多。

唐时，唐玄宗李隆基于开元年间（713—742），三次来此祭祀，并扩建祠庙。宋真宗赵恒大中祥符四年（1011），也来此祭祀。为彰显对这次祭祀活动的重视，他还拨款对后土祠进行精心修葺。明万历年间，因黄河泛滥，后土祠陷入黄河。经先后两次迁建，又均被黄河吞没。现存建筑是清穆宗同治九年（1870）新选庙址重建。明清时皇帝祭祀后土的仪式，迁徙于北京天坛。

清世祖顺治十二年（1655）黄河泛滥，后土祠淹没，只留下门殿及秋风楼。清圣祖康熙元年（1662）秋，黄河决口，后土祠荡然无存。清穆宗同治九年（1870），荣河知县戴儒珍将此祠移迁于庙前村北的高崖上，这就是现在的后土祠。庙内现存建筑有山门、井台、献殿、香亭、正殿、秋风楼、东

西五虎配殿等，建筑宏伟，结构精巧。后土娘娘塑像，位居大殿正中，供人们膜拜瞻仰。山门与井台组成国内罕见的品字形戏台，对研究中国古代舞台形制提供了重要例证，具有极高的历史艺术价值。

秋风楼位于祠的最后，因藏有元世祖至元八年（1271）镌刻的汉武帝《秋风辞》碑而得名。凭河而立，崇峻壮丽。楼分三层，砖木结构，十字歇山顶，高32.6米。底部筑以高大的台阶，东西贯通。其上各雕横额一方，东曰"瞻鲁"，西曰"望秦"。正面门额嵌有《汉武帝得鼎》和《宋真宗祈祠》石刻图，线条流畅，形象逼真。

据刘敦桢主编的《中国古代建筑史》载，北宋后土祠是按照最高标准修建的，与文献所载北宋东京宫殿大致相同。北京故宫在建筑布局和技法上，继承了万荣汾阴后土祠的建筑特点。

现存的后土祠，成为民间祭祀的庙宇。其规模虽不及唐宋时之壮观，但其布局严谨完整，仍为国内后土祠庙之冠。近年各界人士，寻根问祖，祭祀后土，络绎不绝。农历三月十八是其诞辰日，信众在当天主祀后土娘娘，以求赐福消灾。

地狱法官十殿阎王

阎王是在民间有广泛影响的阴间神祇。百姓对阎王十分稔熟，耳熟能详。十殿阎王，略称十王，是中国佛教所传十个分管地狱的阎王的总称。阎王名阎罗，最初是印度神话中掌管阴间之王，佛教沿用其说。十殿阎王不是舶来品，最初佛经中没有这一提法。这是具有中国特色的阎王体系的一部分。中国特色的阴间是个等级森严的官僚体系。最高统治者是地藏王，以下是东岳大帝，十殿阎王，五道将军，判官鬼吏，黑白无常，牛头马面。

据佛学经书记载，阎王治下只设五官。鲜官禁杀，水官禁盗，铁官禁淫，土官禁舌，天官禁酒。就是说，原来的佛教没有十殿阎王，只设五官。

据说，中国佛教最早的说法是有十五个阎王。北宋志磐著《佛祖统纪》记载："世传唐道明和尚神游地府，见十五分治之人，因传名世间。"这里的"十五分治之人"，就是十五个分管地狱的阎王。后来逐渐汉化，最终演变成了十殿阎王。

十殿阎王都有各自的职权范围，有明确的分工。他们对鬼，都有自己的处理方式。在《玉历钞传》和《阎王经》中，都有详细记载。

第一殿，秦广王蒋。司人间天寿生死，统管幽冥吉凶。第二殿，楚江王历。司管伤人肢体，奸盗杀生。第三殿，宋帝王余。司管忤逆尊长，教唆兴讼。第四殿，五官王吕。司管抗粮赖租，交易欺诈。第五殿，阎罗王天子包。亦称森罗王，司管因冤屈死，还阳申雪。

第六殿，卞城王毕。司管怨天尤地，枉死涕泣。第七殿，泰山王董。司管取人骸骨，离人至戚。第八殿，都市王黄。司管在世不孝，违逆父母者。第九殿，平等王陆。司管杀人放火，斩绞正法者。第十殿，转轮王薛。司管各殿解到鬼魂，分别善恶，核定等级，登记造册。根据各鬼的表现，以便发四大部洲投生。

十殿阎王有一个头领，就是第五殿阎罗王。十殿阎王的设置，很显然是人世间等级体系的翻版，是人间官僚制度在阴间的延伸。十殿阎王都各自拥有一个汉姓，说明他们完全汉化了。

当然，如此造神造鬼，都是为了在心理上解决现实问题。

十殿阎王在民间影响很大。民间流传一句话："阎王叫你三更死，谁敢留你到五更！"说明阎王在民间的分量。十殿阎王大约于唐末五代时，在社会上开始流行。由于十殿阎王对人们具有某种威慑力，因此

连道教也接受了这个阎王体系，以丰富道教理论。

阴界的最高主宰是地藏王，十殿阎王听从地藏王的调遣。佛寺中，地藏王矜持地端坐在正面中央，十殿阎王恭敬地分立前面两侧。十殿阎王的造像，各具特色。中国重庆市著名的大足石刻，即大足石窟石篆山第九龛的北宋十殿阎王塑像，造型精美，韵味十足。

把阴界的地狱有形化，搬到阳界，这是一些人的想法。重庆市丰都县东北隅的名山，古称名都山，就有人造的鬼城。丰都成为"鬼城"，与道教密切相关。风景优美的平都山，被道家列为七十二福地之第四十五福地。

据《丰都县志》和东晋葛洪著《神仙传》的记载，民间传说西汉的王方平和东汉的阴长生，都曾隐居平都山炼丹修道，成了仙人。平都山最高顶是王、阴二人飞升之处，于是在山上建了"仙都观"等庙宇。道家遂于此山特设天师，并将

其列为三十六洞天、七十二福地之一。后人附会，"王、阴"便成为"阴、王"。以讹传讹，从而被误解为"阴间之王"。丰都也就成为阴王居住的"阴曹地府"，成为鬼都了。唐朝大诗人李白的著名诗句"下笑世上士，沉魂北丰都"，也使丰都鬼城的声名远扬。后经《西游记》《钟馗传》等神魔小说的艺术渲染，丰都就显得更加神秘莫测了。

东汉末，五斗米道在四川十分盛行，丰都属巴郡，为早期道教的传习中心之一。五斗米道吸收了不少巫术，被称为"鬼道"。道中的巫师叫"鬼吏"。早期道教信仰是神仙人鬼混杂，这些也促成了鬼城的形成。于是，一大批阴间鬼神涌入了此城。

鬼城模仿人间的司法体系，营造了一个阴曹地府。这个阴曹地府，有着融逮捕、羁押、审判、判决、教化等功能为一体的完整的系统。鬼城拥有众多鬼神的历代造像，这是中国古代雕塑家的精心之作。造像惟妙惟肖，栩栩如生。

每年农历三月初三是鬼城庙会。此时，游人如织，车船爆满。各色各样的鬼神表演，吸引着八方游客，有阴天子娶亲、城隍出巡、钟馗嫁妹、鬼国乐舞等。

13 关羽关圣帝君

道教对三国蜀国名将关羽的称号。道教还尊称其为荡魔真君、伏魔大帝、昭明翊圣天尊，简称关公、关帝，俗称关老爷。

关羽历史上实有其人。西晋陈寿著《三国志》对关羽的生平有详细记载。元末明初小说家罗贯中所著的《三国演义》又对关羽的生平做了艺术的加工。关羽，字云长，河东解良（今山西解虞县）人。关羽相貌非凡。身长九尺，髯长二尺，面如重枣，唇若涂朱，丹凤眼，卧蚕眉，相貌堂堂，威风凛凛。东汉末年，因豪强倚势凌人，被关羽杀了，亡命奔涿郡。当时刘备在乡里招兵买马，他与张飞往投，誓共生死，救困扶危。在桃园结为异姓兄弟，不求同年同月同日生，只愿同年同月同日死。后世传为佳话，称之为"桃园三结义"。他们同起义兵，争雄天下，共推袁绍为盟主。在袁绍麾下，关羽"温酒斩华雄"，威名大振。

官渡之战前，曹操分兵东征，大败刘备，关羽被俘。关羽同曹操约定三事而暂居曹营。曹操引关羽朝见汉献帝，汉献帝封其为偏将军。在白马之战中，关羽斩袁绍大将颜良、文丑，朝廷封其为汉寿亭侯。以后挂印封金，过五关，斩六将，仍投奔刘备。刘备封其为荡寇将军，并派其镇守荆州，任荆州牧。刘备为汉中王，拜关羽为前将军，假节钺，率众攻曹军。关羽水淹七军，擒于禁，斩庞德，威震华夏。在围攻樊城时，关羽右臂中曹军毒箭，名医华佗为其刮骨疗毒。关羽边饮酒，边下棋，谈笑风生，旁若无人，表现出一派英雄气概。后孙权派将袭荆州，他因骄轻敌，兵败被杀，时年五十八岁。死后追谥为"壮缪侯"。孙权害怕刘备复仇，献关羽首级至洛阳，欲嫁祸于曹。曹操识其谋，赠关羽为"荆王"，刻沉香木为躯，以王侯之礼葬关羽于洛阳南门外。故世有关羽头葬河南洛阳关林，身葬湖北当阳玉泉山之说。

关羽力敌万夫，勇武异常，恪守忠义，坚贞不二。其一生的表现，为佛、道、儒三教称道。《三国演义》描写关羽遇难后阴魂不散，荡荡悠悠，直至荆州当阳县玉泉山上空，大呼曰："还我头来！"山上老僧普净闻曰："昔非今是，一切休论；后果前因，彼此不爽。今将军为吕蒙所害，大呼还我头来，然则颜良、文丑、五关将等众人之头，又将向谁索耶？"关羽恍然大悟，遂皈依佛门。

宋代以后，关羽逐渐被神化。宋哲宗赵煦封其为"显烈王"，宋徽宗赵佶封其为"义勇武安王"。元代加封为"显灵义勇武安英济王"。特别是元末著名长篇小说《三国演义》的产生，使得关羽名声大震，在民间产生了极为深远的影响，成为"古今第一将"。到了明代万历年间，明神宗朱翊钧加封关羽为"协天护国忠义帝""三界伏魔大帝神威远镇天尊关圣帝

关羽像，《关圣帝君圣迹图志全集》
清乾隆三十四年敦五堂重刊本

14

张道陵张天师

君"。清顺治皇帝对关羽的封号长达二十六字，即：忠义神武灵佑仁勇威显护国保民精诚绥靖翊赞宣德关圣大帝。清乾隆皇帝封其为忠义神武灵佑关圣大帝，配设武庙，列为国祀要典。

明清时代，关羽地位极显。在民间，有"武王""武圣人"之尊，俨然与"文王""文圣人"孔老夫子并肩而立。

由于关羽被百姓附会成具有治病除灾，驱邪避恶，诛叛剿逆，巡冥察司，乃至招财进宝，庇商佑贾等无边法力，所以得到民间百姓的尊崇和膜拜。明清之际，各地的关帝庙蜂起，旧时仅北京一地粗略统计就达二百多座。据说，全国的各类庙宇中，关帝庙最多。而最大的关帝庙是山西运城县解州西关的关帝庙。此庙占地三十亩，地面中心建有一座春秋楼。楼内有一尊关羽的彩色塑像，形象逼真。

张天师即张道陵（34—156）。原名张陵，字辅汉，东汉沛国丰（今江苏省徐州市丰县）人，曾任江洲（今重庆市）令。五斗米道的开创人，道教的创立者。后代道教徒尊称他为"张天师"。既然被尊为天师，其来历自然也就被神化了。

传说，张道陵母亲感孕而生。东汉光武帝建武十年（34），张道陵的母亲梦见魁星星君降临。她醒来后，闻到室内芳香萦绕，久久不散，同时还发现自己怀了身孕。一年后，其子降生，取名张道陵。张道陵青年时期曾入当时的最高学府太学学习，博通五经。后来有一天，他顿悟"高官厚禄都无益于生命"，于是弃学从道，寻找长生之法。不久，他发现这些非己所长，便另寻他途。

创办五斗米道。张道陵来到四川，见鹤鸣山（今四川省成都市大邑县境）仙气缭绕，便住了下来。不久，他撰写道书二十四篇，为道教的创立积累了理论基础。一日，天人千乘万骑，坐羽盖金车，纷纷而下。有的自称是柱下史，有的自称是东海小童，传给道陵"新出正一明威之道"。他就用此道为百姓治病。治好病的百姓将他奉若神明，自称弟子。由此，来拜他为师的有数万人。张道陵创立道派，凡入道者须交五斗米，故称五斗米道。

明代作家洪应明撰《仙佛奇综》记载张道陵仙迹，活灵活现，想象非凡。相传，张道陵是个神童，七岁就通晓《道德经》。后来选拔贤良方正，他当上了官。但是，他身在仕途，心想修炼。于是，便弃官入蜀，求真学道。来到鹤鸣山，收下弟子王长。他们在一起精炼龙虎大丹，三年丹成。张道陵此时年已六旬，吃了仙丹，相貌变得如三十多岁的年轻人。后来，他们找到了《皇帝九鼎太清丹经》，照此修炼，就获得了神通，可以分形散神。张道陵先后降伏了白虎神、大毒蛇，声威大震。一日，张道陵忽然梦见太上老君命他去降服六大鬼神，并赐给道陵经卷、秘诀，以及雌雄剑二把，都功印一枚。后来，张道陵与六大魔王经过一场苦战，降服了他们。由于张道陵能铲除人间妖魔，得到太上元始天尊的嘉许，升入天堂。时年一百二十三岁。

张天师在民间拥有众多崇拜者。由于张道陵张天师神通广大、法力无边，可以降妖伏魔、驱鬼除怪、祛病延年、招福纳禄，所以深受民间百姓的崇拜，向他烧香祈福的信徒众多。

张道陵后代世世有一子承袭"天师"名号，一律统称张天师。张天师代有传人，不绝如缕。其祖庭在江西省贵溪县龙虎山上清宫。据说，此处是张道陵最早修道炼丹的草堂。张道陵创立早期道教于四川，约百年后他的第四代孙张盛张天师于晋初将传道中心迁还龙虎山，并在张道陵所筑之坛旧址建传箓坛。现在，张天师已经传至六十五代，其名张意将，现居中国台湾。

经历代经营，龙虎山建成了拥有十大道宫、八十一座道

张天师，《有象列仙全传》，明王世贞辑次，明万历时期汪云鹏校刊本

15

武当祖师张三丰

观、号称"仙都灵会"的庞大道教胜地。世称道教第三十二福地。传箓坛也成为历代张天师传经布道的场所上清宫。上清宫是我国规模最大、历史最久的道宫之一。

上清宫下二里的嗣汉天师府，简称天师府，是历代张天师的起居之所。历代帝王推崇其道，官其子孙，修建府第。天师府多达五百余间。楼房殿阁，龙柱金壁，宏大瑰丽，形似皇宫。其中天师住房和养生殿，面积九百多平方米。

张三丰是个说法最多的神仙。他是何时人、他在何地生、他姓氏如何，这些都是一团谜，众说纷纭，莫衷一是。

他到底是何时人？《异林》说是宋时人，常从太守入华山谒陈抟。《明史》或曰金时人，无名氏作传又说出自元末。《张三丰先生全集·集记》定为元初人。

他到底在何地生？其籍贯何处，也歧说纷出。《山西通志》说是平阳人或猗氏人，《陕西通志》说是宝鸡人，《四川总志》谓或曰天目人。但以辽阳懿州（今属辽宁）人一说较多，《集记》予以肯定，并举出其父母墓在辽阳积翠山。

他到底姓甚名谁？其名与字，尤为杂乱纷歧。其名：一名通，一名金，一名思廉，一名玄素，一名玄化。其字：字曰玄玄、山峰、三峰、君宝，《檗记》又称字君实、铉一、全一。其号：昆阳；因不修边幅，又号张邋遢。

综上，张三丰生于元初，辽阳懿州人，一名君宝，号昆阳，外号张邋遢。

据称张三丰聪明过人，过目成诵，行为怪异，有奇士相。一年到头，只一衲一蓑。一餐能食升斗，或数日一食，或数月不食。料事如神，事能前知。最初住在宝鸡县，后入武当山。明太祖洪武二十四年（1391），明太祖派遣使臣在全国寻找他，但没有找到。明成祖永乐初年，朱棣又派遣使臣到处察访，还是没有找到。明英宗正统元年（1436），朱祁镇封"通微显化真人"。明宪宗成化二十二年（1486），朱见深封"韬光尚志真仙"。明世宗嘉靖四十二年（1563），朱厚熜封"清虚元妙真君"。后人辑有《张三丰先生全集》。

据传，张三丰曾经在湖北武当山（太和县）结庐修行，修炼时间长达二十余年。按理，《太和县志》应该对张三丰有详细记载，但那里并没有关于张三丰会拳术的记述。

张三丰真正为民间所熟知，那是明成祖朱棣以后的事。明太祖朱元璋有二十六个儿子。朱元璋立长子为皇太子，但皇太子不久病逝，就立长孙朱允炆为皇太孙。同时，将诸位皇子分封到各地为藩王，第四子朱棣封为燕王。后来，明太祖病逝，皇太孙朱允炆继位，是谓建文帝。建文帝感到，对他的皇位构成最大的威胁是诸位封王的皇叔。为此，建文帝就采取了削藩的策略。他先是削掉了五位较弱的藩王，将他们废为庶人，燕王朱棣亦岌岌可危。早有准备的朱棣杀掉朝廷大员，起兵造反。经过四年的苦战，最后攻占首都南京，赶跑了建文帝，自己做了皇帝，

张三丰，《有象列仙全传》，明王世贞辑次，明万历时期汪云鹏校刊本

当了和尚；有的说，他成功地逃到了云南；有的说，他出逃到了海外。

对于建文帝朱允炆的下落，明成祖朱棣是非常关注的，因为这关系到他政权的稳定。为此，明成祖朱棣就不惜重金，兴师动众，到处秘密察访建文帝朱允炆的踪迹。

第一个被派出寻找建文帝朱允炆踪迹的是太监郑和，他与王景弘等人于永乐三年（1405）出使西洋，目的之一是寻找建文帝朱允炆。《明史》中说："成祖疑惠帝亡海外，欲踪迹之。"于是便有了"三

是谓明成祖。但是，建文帝的下落却是个谜。

建文帝朱允炆的遗踪有多种说法。有的说，他被宫中的大火烧死了；有的说，他出家

保太监下西洋"的盛事。

第二个受命秘密察访建文帝朱允炆踪迹的是户科都给事中胡濙（yíng）。明成祖永乐五年，朱棣命他以颁御制诸书及访寻仙人张邋遢（张三丰）为名，"遍行天下州郡乡邑，隐察建文帝安在"，其主要任务是想查找建文帝朱允炆的踪迹。但收获不大，除了得到更多的传闻，并未有实质性的进展。然而，都给事中胡濙的察访，地域很广、层次很深、时间很长，而且是以察访道士张三丰的名义进行的。因此，民间就都知道了皇帝要寻找一个著名道士张三丰。张三丰由此名声大噪，百姓皆知。

直到明成祖永乐二十一年（1416），根据胡濙的密报，明成祖朱棣深信建文帝朱允炆已经死去，才下令停止追访。但是，这已经过去二十一年了。而这二十一年间，张三丰的名声已经深入人心。为此，明成祖朱棣不得不在武当山大修道观，以掩人耳目。

明成祖朱棣知道，自己的皇权是武装抢夺来的，名不正言不顺。为此，明成祖朱棣尊奉道教真武帝君，希图造成皇权神授的印象。湖北均县武当山是我国道教名山之一，从周朝开始，即成为著名的道教圣地。明成祖永乐十一年（1413）六月，朱棣令隆平侯张信、驸马都尉沐昕等人，征调军匠民夫三十多万人，大规模营建武当山道教宫观。明成祖朱棣下诏谕示群臣："创建武当山宫观，借太祖、太后之福，祈求天下黎民百姓，岁丰人康。"

营建武当山宫观用了近六年时间，到明成祖永乐十六年（1418）十二月竣工。宫观建成后，明成祖朱棣赐名为"太岳太和山"，并把二百七十七顷农田连同田上农户一起赐予宫观，以供衣食之用。另又挑选道工近三百人负责管理、洒扫宫观等事宜。宫观包括殿观、门庑、享堂、厨库数百间，明成祖朱棣还亲制碑文记述这一事件。

武当山经过这次大规模营建之后，吸引了大批香客、游人。各地藩王也无不效仿，纷纷在所在各州设立道观。为此，明成祖朱棣在各州设置官吏和千户所，用以管理道教事务。明成祖朱棣以后，凡新皇帝即位，都派使臣前往武当山祭拜真武帝君，以此表明自己受命于天。后来的明世宗嘉靖皇帝再次对武当山宫观进行大规模修建，奠定了武当山八宫、两观、十祠、三十二庵的规模。

武当山道观里的铜铸塑像，别具一格。明成祖朱棣扩建的武当宫观内有大小道教神像数以万计，这些塑像以铜铸像为主，制作精细，充分显示了当时高度发达的金属铸像水平。现存于武当山文物保管所的张三丰铜铸塑像，做于明代永乐年间，是一件极为珍贵的文物，也是现今保存较好的作品之一。铸像张三丰正襟危坐，面目和善，沉稳严肃，精神矍铄。其体内似蕴藏着绵绵无尽的沛然真气。在衣褶处理上，作者采用了完全写实的手法。衣褶平贴着身体，线条流畅，十分真实。整个铜像重达七千余斤，是明代铜像中难得的佳作。

中国功夫，南有武当，北有少林。北方少林派注重腿法，它踢腿很厉害，叫"南拳北腿"。除了练腿法以外，它的内功也很重要，叫"内练一口气，外练筋骨皮"。而武当山的内家拳，主要是和道教文化有关系。它强调的是，以静制动、以柔克刚、四两拨千斤的功夫。在武当派拳论中有这样的精辟论述："以气为源，以桩为本，动静结合，守中用中，无微不至，无坚不摧。"张三丰主张，太极拳神韵超然，体用兼备。它体现出道家清净自然、行云流水、动如抽丝、静如山岳的修炼方法。张三丰独创出武当武术的独特风格、即松沉自然、外柔内刚、行功走架，连绵不绝。

张三丰还有一些民间故

事。张三丰原名张君宝，自小被父母送到清风观修行。君宝生活在南宋时期，岳飞率军北伐，江南义军群起响应。然而，奸相秦桧却为一己私利陷害岳飞，煽动皇上以十二道金牌将岳飞招回。江南义军探知秦桧阴谋，力图营救岳飞。于是，举行了一场武林大会，推举盟主。在武林大会上，张君宝结识了武林盟主易天行以及女侠秦思容等。谁知，秦思容乃秦桧养女，被秦桧安置在义军中做卧底。由于秦思容的告密，岳飞终在风波亭就义，张君宝却在无意之间得到岳飞的遗物。为追讨遗物，秦桧四处派出杀手，开始了对张君宝的一路追杀。

关于张三丰，民间还有另外的传说。张三丰的"丰"，亦作"峰"。宋代技击家，武当派之祖师。其法以御敌为主，非困不发，纯用内功，故称内家拳。其实，宋朝时的张三峰就是张三丰，他们是同一个人。

第
二
章

欢
乐
神

荆和璞

福神天官大帝

福神是民间信仰的吉祥神。福神到底是谁呢？中国民间信仰的福神有两位：一位是赐福天官；一位是刺史杨成。

第一个福神是赐福天官。 在民间，我们经常看到的是天官赐福的画像，尤其是新年除夕，更是随处可见。民间信仰天官起于何时，很难考证。至少在清代，天官信仰已经极其广泛。"天官赐福"的年画，丰富多彩。天官是个什么样子呢？年画的天官形象深入人心，画中天官呈朝廷大员形象：头戴宰相帽，身穿大红袍，腰扎彩色带，手持如意柄。眉毛高挑，眼睛细长，长须五绺，面容慈祥，一副雍容华贵的气派。有的画上，天官手持一幅展开的条幅，上写"天官赐福"四个大字。那么，这个天官到底是谁呢？

其实，这个天官是道教教义中的官员。道教相信，为人治病，必须进行祈祷。祈祷时，必须写成文书。文书一式三份，"其一上之天，著山上，其一埋之地，其一沉之水"。这叫做"三官手书"，祈祷于"三官"。所谓的"三官"，即天官、地官、水官。道教宣称三官能为人赐福、赦罪、解厄，也就是天官赐福，地官赦罪，水官解厄。这就是"天官赐福"的来历。人们礼拜他，无非是祈望得到他的庇佑。

第二个福神是刺史杨成。 《三教源流搜神大全》卷四记载："福神者本道州刺史杨公讳成。昔汉武帝爱道州矮民，以为宫奴玩戏。杨公守郡以表奏闻，云'臣按五典，本土只有矮民，无矮奴也'。武帝感悟，更不复取。郡人立祠绘像供养，以为本州福神也。后天下黎民士庶皆绘像敬之。以为福禄神也。"这是说，福神是汉武帝时道州（今湖南道县）刺史杨成。道州的人个子非常矮，当时外地人都称之为道州矮民。汉武帝非常喜欢这些矮小的男人，每年都从道州挑选数百名做宫奴，供他玩耍。杨成任此郡刺史后，上奏汉武帝，"本土只有矮民，没有矮奴"。武帝这才有所悔悟，不再令道州上贡矮民。道州人遂立其祠，绘其像供养，奉为本州的福神。后来很多地方都绘其像，奉其为福神，虔诚供奉。

有的学者考证说，福神不是这位汉朝的杨成，而是唐朝的阳城。学者认为，历史上确有其事，但不是杨成，而是阳城。阳城也不是汉武帝时人，而是中唐时人。《新唐书·阳城传》载："（道）州产侏儒，岁贡诸朝。（阳）城哀其生离，无所进。帝使求之，城奏曰：'州民尽短，若以贡，不知何者可供。'自是罢。州人感之，以'阳'名子。"这是说，唐朝时，道州到处是个子矮小的

男子，叫侏儒。朝廷喜欢侏儒，谕旨每年必须向朝廷进贡。阳城的百姓对这种生离，感到十分痛苦，就没有进贡。于是，皇帝派人多次追求。无奈，刺史阳城上奏道："道州的百姓，都长得很矮，如果进贡，不知道进贡哪一个。"从此，进贡侏儒就停止了。道州的百姓很感激他，就在他的名字前面加上个"阳"字，以后就叫阳城。

这个考证是有道理的。但是，民间习惯把福神叫杨成，我们也仍然叫他杨成。

禄神文昌星

禄神是指可以给人们带来高官厚禄的吉祥神。禄，指官吏的薪俸。禄位，指薪俸官位，后泛指升官发财。旧时，人们追求的往往是高官，因为高官可以带来厚禄。所谓"三年清知府，十万雪花银"，说的就是这个意思。

那么，禄神到底是谁呢？其实，禄神给人的印象是很模糊的，很难确认到底是谁。民间所说的禄神，大体有二位：一位是天上禄星；一位是送子张仙。

禄神的第一位原型是天上禄星。 禄星原来是天上的一颗星。相传名张亚子，为晋朝打仗，不幸战死。据《史记·天官书》记道："文昌宫……六曰司禄。"即是说，文昌宫的第六星是专门掌管禄星的。民间对禄星的崇拜，逐渐将禄星人格化，成为同福星、寿星一样的神仙了。传统戏曲中有"禄星抱子下凡尘"的唱词。传统年画中福禄寿三星中，禄星有时怀抱一小儿。因此，有人说禄星也是送子神仙。

禄神的第二位原型是送子张仙。 他是民间所信奉的祈子之神，是五代时在青城山得道的仙者，本姓张名远霄。相传，苏洵曾梦见张仙手拿两颗弹丸，知是得子之兆，便求来张仙像供奉，果然得了苏轼、苏辙二子。还有一个传说。宋仁宗嘉祐年间，皇帝赵祯有一日梦见一个美男子。他面色粉红，长须五髯，挟弓弹上前来，对皇上说："皇上向来有天狗把守城垣，所以才没有子嗣。凭您普施仁政，我要用弓弹把天狗赶走，使您能够得到子嗣。"皇帝赵祯半信半疑，请他详细说明原委，他说道："我是桂宫张仙。天狗在天上掩蔽日月，到世间就吞吃小儿，但它见了我就会躲开。"皇帝赵祯醒后，当即命人悬挂张仙图像，供奉祭祀。此后民间没有子嗣的人，就都对张仙像顶礼膜拜。

按中国民间传统，百姓对禄神是很崇拜的。由此，对动物世界的梅花鹿也情有独钟。鹿，与禄同音。中国传统民间吉祥图案，就有"百禄图"。图上画着在高山大岭中栖息的近百头形态各异的鹿，百是虚指。整幅画是祝福俸禄大增的意思。还有一幅"加官受禄"图，画着一个官员正抚摩着一头雄鹿，表达了"加官受禄"的主题。

传统的喜剧戏曲中，有时在正戏的开头，作为垫场戏，有一出无言的《跳加官》独角戏先行演出。表演者在台上三上三下。他身穿大红袍，面戴加官脸。所谓加官脸，是一笑容满面的假面具。表演者手捧朝笏，走上戏台，绕场三周，然后退下。这是见面礼。再进场后，抱一小儿，绕场三周，退场。这是说明他是送子神仙。最后出场，笑容满面，边跳边向观众展示手中所持红色条幅，上边写有"加官进禄"之类的颂词，再绕场三周后，退场。这是祝福观众升官发财。然后是正式节目开始。

这就是戏台上常演的所谓彩头戏"跳加官"。这位独角戏演员所扮的红袍白面官员，即禄星，又叫"司禄神"。跳加官多用于节日喜庆之时。

寿神南极老人

民间传说寿神是主宰人间寿夭的吉祥神。经过多年的演化，寿神的形象完全定型。许多年画，都画有他的画像。其特点极为鲜明：大脑袋，宽脑门，短身材，长胡须，笑模样，高手杖。这是一位慈眉善目、和蔼可亲的老人。明吴承恩著《西游记》第七回道："霄汉中间现老人，手捧灵芝飞蔼绣。长头大耳短身躯，南极之方称老寿——寿星又到。"这是作家吴承恩笔下的寿神形象。

寿神的原型是天上的南极老人星，又称南极仙翁。据说是指天上的两个星宿：一个是角亢二宿；一个是南极老人星。

寿神的原型，第一个是指角亢二宿。星宿，是单个星的集合体，即一撮星。天上二十八星宿中东方七宿依次为角、亢、氐、房、心、尾、箕，呈苍龙之形。其中角宿有两颗星，因其像羊角，故名为角，在东方苍龙七宿中如龙角；亢宿有四颗星，直上高亢，故名为"亢"，在东方苍龙七宿中如龙头。现代天文学将此二宿划入室女座。其中角宿，是一等亮星，每年五月初傍晚即在东方低空出现，晚七时以后可以清楚得见。

寿神的原型，第二个是指南极老人星。这颗星，天文学的名字叫船底座阿拉发星，位于南半球南纬五十度以南，是一等以上的亮星。因它处于南纬五十度以南，在我国北方不容易看到。但在长江以南，尤其是岭南地区，却很容易看到。特别在二月间晚八时以后，它出现在南天的低空，周围没有比它更亮的星，所以很显眼。

秦朝的皇帝很崇拜南极老

人星。《史记·封禅书》说：秦并天下，"于社亳有寿星祠"。这是说，秦朝统一全国后，在首都咸阳建造了寿星祠，供奉南极老人星。供奉的原因，是认为南极老人星很灵验，见到他，天下太平；见不到他，天下就动荡。他可以掌管国运的长短。因此，立祠供奉南极老人星，以便取得他的祝福。

汉朝的皇帝也很重视礼拜南极老人星。据《汉书·礼仪志》记载，汉明帝期间（58—76年在位），曾主持一次祭祀寿星的仪式。他亲自敬献贡品，宣读尊敬老人的祭文。同时，还特意安排了一次宴会，与会者均为七十岁以上的古稀老人。盛宴之后，汉明帝还恭敬地赠送酒肉谷米及一柄手杖。汉明帝此举，得到了社会各阶层的广泛认可。

唐李白《送陈郎将归衡山》诗云："衡山苍苍入紫冥，下看南极老人星。"说明唐朝时，南极老人星的形象已经深入人心。

这两种不同的寿星说法，至唐朝，始合二为一。

19 女寿仙麻姑

麻姑是民间传说中著名的女寿仙。麻姑神像、麻姑献寿，是民间风俗画的主要题材之一。但是，麻姑的来历却说法不一。

一种是神仙王方平之妹。明洪应明著《仙佛奇踪》记载，麻姑是神仙王方平之妹。汉桓帝某年的七月七日，王方平从天而降，着远游冠，乘五龙车，如大将军一样。降临后，即派人迎接麻姑。麻姑年十八，顶中作髻，长发至腰，锦衣绣裳，光彩耀目。她是一个很漂亮很时尚的女孩子。麻姑神通广大，她可以"索少许米来掷地，皆成丹砂"。麻姑的手很特别，像鸟的爪子。有一个不知深浅的蔡经，想让麻姑用手给他挠背。王方平生气了，用鞭子抽打蔡经，说："麻姑是神仙，你知道吗？"

麻姑的寿命极长，她已经看到"东海三为桑田""蓬莱水又浅矣"。沧海变成桑田，一次需要几千万年。麻姑看到了三次沧海变桑田，说明她的寿命也至少有数个几千万年了。民间传说她是寿仙，就不足为怪了。

一种是将军麻秋之女。

清褚人获著《坚瓠秘集》卷三引《一统志》云，传说麻姑是后赵石勒时麻秋之女。麻秋是十六国时后赵的征东将军，是胡人。在历史上，麻秋以残暴出名。民间相传，小孩夜间啼哭，母亲就吓唬孩子："麻胡来了！"麻姑雅慕神仙，深知道术。相传她曾多次劝谏父亲说："杀人还自杀，好生还自生，希望您不要枉杀人命。"麻秋不仅不听，在发现麻姑帮助民工后，还用鞭子打她。麻姑一怒之下，离家出走，来到罗山修炼。后来，麻姑在望仙桥飞升。

还有一个关于麻姑的传说。

元朝至元（1264—1295年）年间，村妇刘氏忽梦一女官，自称麻姑，乞求用堂前大槐树修庙。睡梦中的刘氏假意应允。醒来后，她觉得此事有异。几天后，忽然风雷大作，堂前大槐树旋即被风连根拔起，随风雨而去。刘氏匆忙赶往麻姑庙，只见大槐树已卧在庙前。

据说，王母娘娘在农历三月初三圣诞时，隆重举办大型的蟠桃盛会，麻姑亦在嘉宾之列。她精心准备了一份特殊的礼物——绛河水和灵芝酿造的甘甜美酒。王母娘娘得到此酒，非常高兴。这就是著名的"麻姑献寿"的故事。

麻姑的老家，据说是江西省南城县。那里有座麻姑山，山姿秀美，景色宜人。这是道教三十六洞天的第二十八洞天，叫"麻姑山丹霞宛陵洞天"。又是七十二福地的第十福地。

唐朝著名书法家颜真卿任抚州刺史时，曾撰写了《麻姑山仙坛记》，至今犹在。晋朝的真人葛洪就曾于此炼丹。相传，麻姑在此得道升天。

男寿翁彭祖

20

彭祖是中国古代神话传说中的寿星佬和养生家。据西汉刘向著《列仙传》、明洪应明著《仙佛奇踪》和《绘图历代神仙传》的记载，彭祖是殷朝时的大夫，姓籛，名铿。上古五帝之一颛顼的孙子，陆终氏的儿子。陆终氏生六子，他是第三子。

彭祖经历的时代是夏朝到殷朝末年。帝尧的时候，擅长烹饪野鸡汤的他主动进献，尧便把彭城封给他，所以后世称他为彭祖。舜的时候，他师从神仙尹寿子，得到真传，之后隐居武夷山。到商代末年，已有七百六十七岁（或说有八百余岁）。另有学者解释，上古用干支记日法，一个甲子就是六十日，若按七百六十七个甲子计，彭祖则活了四万六千零二十日，即一百二十六岁。总之，彭祖作为长寿的象征，连春秋的先圣孔子都很倾慕他，庄子和葛洪也赞叹他寿命之长久。

可见，彭祖最值得研究的是他那独到的养生术。总结起来，共六个字。第一是静。彭祖心静，不为仕途忙碌。商王请他做大官，他虽然勉强接受了，但常托病不上朝。第二是补。他用水桂花、云母粉、麋角散自制补药，日日进补，致容颜不老。同时，还要通阴阳。第三是行。他有车马，但基本不用，出门就靠两条腿，即使出门百日也是如此。第四是少。他吃得少，他出外周游，无论多久，都不带干粮。第五是养。他每日行导气之法，攻治患处，存精神于体内。第六是廉。商王为讨得长生不老之术，赠予彭祖数万金，彭祖都分给了百姓。

由于彭祖百般推脱，不肯向商王传授长寿之术，商王便请来采女，间接向彭祖问道。彭祖告诉她，君王要成仙，须养精、服药，兼佐以男女交接之道。这是彭祖养生的一个关键法门——通阴阳。采女获得了秘籍后，便传授给商王。商王既得秘籍，贪心骤起，欲独霸之，便下令将所有传播彭祖之术的人处死。等官兵到了彭祖的住所，其人已不见踪影了。后来，商王淫荡过度而死。民间则传说，是彭祖施了道法，将商王除掉了。

彭城在今江苏省徐州市。这里名人辈出，除彭祖外，还有汉高祖刘邦、五斗米道创始人张道陵、东吴大帝孙权、西楚霸王项羽、明太祖朱元璋等历史上赫赫有名的大人物。徐州是彭祖故国，这里有关彭祖的古迹也非常多，有彭园、彭祖祠、彭祖庙、彭祖墓、彭祖井等。

21 王母娘娘西王母

王母娘娘，又名王母、金母、西姥、西王母。中国古代神话中的女神。明洪应明著《仙佛奇踪》卷一记载："西王母，即龟台金母也。得西华至妙之气，化生于伊川。姓缑，讳回，字婉妗。配位西方，与东王公，共理二气，调成天地，陶钧万品。凡上天下地女子之登仙者，咸所隶焉。"就是说，西王母，名缑回，字婉妗。生在伊川。

还有一说，认为王母娘娘

是元始天尊之女。据东晋葛洪
著《枕中书》载，元始天尊与
太元圣母通气结精，生九光真
王母，号曰太真王母，即西
王母。

西王母的形象和地位有过
三次重大变化。她的形象一次
比一次漂亮，地位一次比一次
显赫。

第一个形象，《山海经》
云："其状如人，豹尾虎齿，善

啸，蓬发戴胜。"即是说，王
母长得像人，有一口虎牙，一
条豹尾，善于吼叫，头发散乱，
戴着头饰。这是个半人半兽的
形象。据说是职掌瘟疫、刑罚
的怪神。

第二个形象经文人的增
饰，其形象和地位都有很大变
化。在晋朝文学家郭璞所著的
《穆天子传》里，成为一个与
人间天子同席饮宴，雍容平和

的女王。她和周穆王酬酢赋诗，应答自如。这里的西王母已经摆脱了兽气，变成了一个天仙。

第三个形象，在东汉文学家班固撰写的《汉武帝内传》一书中，王母娘娘则成为年约三十、容貌绝世的女神。有的书上说，西王母"若十六七女子"。西王母有大群仙姬随侍，并受人间汉武帝礼拜。西王母又拥有了长生不死的长寿药，还得到了三千年结一次果的蟠桃。她的地位跃进了一个大台阶。西王母把独一无二的蟠桃赐给了汉武帝，汉武帝受宠若惊。

在唐末道教学者杜光庭所著的《墉城集仙录》里，西王母更成为掌管女仙名籍的神仙领袖。世之升天之仙，"其升天之时，先拜木公，后谒金母。受事既讫，方得升九天，入三清，拜太上，觐元始天尊。"

文人又给西王母初期的形象平反，讨好地说："蓬发戴胜，虎齿善啸者，此乃西王母之使，金方白虎之神，非王母之真形也。"说那个半人半兽的家伙，不是王母，而是王母的使者。

因《汉武帝内传》里有王母赐蟠桃给武帝的情节，后世小说、戏曲多据此，衍生西王母设蟠桃盛会的故事。每当蟠桃成熟时，西王母大开蟠桃寿宴，诸仙都来为她上寿。《淮南子》《搜神记》等又有"羿请不死之药于西王母，姮（héng）娥窃以奔月"的记载，故旧时民间又视西王母为长生不死的象征。

最近，一些学者提出了全新的见解，认为王母娘娘历史上确有其人，是部落的女酋长。考古学者甚至找到了西王母当年的住处。青海省天峻县西南二十公里处，有一座独立的小山。山的西侧有一个深几十米的山洞，据学者考证，这是五千多年前西王母古国女首领的居所。石洞内有千姿百态的岩画，以及过往僧道题写的经文和绘画的经画。石洞的对面曾建有西王母寺，现已坍塌损毁，不见踪影。

王母娘娘的出道日是农历三月初三，诞辰日是农历七月十八。

22 趋吉避凶喜神

喜神又称吉神。严格地说，喜神是个抽象神，而不是具体神；是个概念神，而不是血肉神。但是喜神有一个特点，就是具有定向性，具有方位性。到后来，喜神也有了自己的形象，有了具体的神名。

开始，民间祭祀喜神都是抽象的，没有具体喜神形象。农历春节和婚庆典礼是喜神出镜率最高的日子。春节大年初一迎喜神的习俗，流传至今。春节祭祖是远古祖先崇拜的余韵。祈求祖先阴灵护佑，降福于己，自然要把祖先看作"喜神"了。长江流域各地，元旦拜神敬祖后，视历书今年喜神的方位，点燃灯笼，烧起火把，鸣响爆竹，开门出行，面对吉方跪拜，称为"出大方"或"出行"，以迎喜神。四川人称之为"出行"，上海人称为"兜喜神方"。人人朝着吉方走，走到一座香火旺盛的庙上，燃起香烛，礼拜菩萨。祈求神明保佑自己，一年吉祥。

刘雅农在《上海闲话》中是这样描述上海人在新年子夜"兜喜神方"的情形的："除夕夜半后，沪俗有兜喜神方者。据时宪书所载，如甲戌，喜神在东北，则出门即向东北行，谓可遇佳运。远近不拘，绕街一匝而返。十里洋场，素称繁华，纨绔子弟以及富商巨贾，往往以兜喜神方为名，挟青粟者，乘钢丝马车，招摇过市。"此外，清末的社会写实小说《九尾龟》《海上花列传》等，都有新年初一，当红妓女穿着红裙去兜喜神方的描述。从前的妓女们平日是不准穿裙子的，更不能穿红裙，因为红裙是正室夫人的章服。只有大年初一可以破例，于是她们纷纷在大年初一穿起红裙，出门逛街，迎喜神。

无独有偶。旧时，北京妓院中也有"走喜神方"的风俗。大年初一天刚亮，她们要去"走喜神方"，认为遇得喜神，一岁康宁。

婚庆典礼膜拜喜神，很有讲究。新娘的坐卧立行，都要面对喜神。入屋后，新娘要根据阴阳先生所指示的喜神方位，面向神或坐或立。只有这样，新娘的一生才能喜事连绵不断。但这喜神的方位是变幻无定的，每天每时都不相同。

某天某时的喜神在什么方位上，只有请阴阳家指示才能知道。据《破除迷信全书》卷十引清乾隆皇帝指示编撰的《协纪辨方书》云："喜神于甲己日居艮（gèn）方，是在寅时

（3-5时）；乙庚日则居乾（代表天）方，是在戌时（19-21时）；丙辛日居坤（代表地）方，是在申时（15-17时）；丁壬日居离（代表火）方，是在午时（11-13时）；戊癸日居巽（代表风）方，是在辰时（7-9时）。"推定喜神所在的方位以后，新娘子上了轿，轿口必须对准该方向，稍事停留，叫做迎喜神，然后才能出发。当然，这些都是迷信。

随着时间的推移，喜神也找到了自己的形象。最初的喜神是借用天官赐福的形象，没有什么创造。后来，和合二仙也成了喜神。旧时民间举行婚礼时，常挂和合像，取"和谐好合"之意，以图吉祥喜庆。

23

刘海是中国民间喜闻乐见的欢乐神。他在民间享有很高的知名度，可以说是一个神仙明星。戏曲有《刘海戏蟾》《刘海砍樵》；年画有《刘海戏金钱》《刘海戏金蟾》。这些信息的广泛传播，使得刘海几乎家喻户晓，妇孺皆知。那么，刘海到底是何许人呢？

这得先从一个传奇故事说起，这是一个清代的笔记小说里谈到的。苏州有一个大商人贝宏文，家赀富有，乐善好施。康熙年间，有一男子，自称阿保，登门自荐当佣人。贝宏文见他无依无靠，就爽快地答应了。阿保很勤快，只干活，不收工钱。有时一连几天不吃饭也不饿，贝家感到很奇怪。更让人感到奇怪的是，他的手很

有功夫，他刷洗尿壶时，竟然能将其外翻洗刷，刷完后还可以再翻回来。陶瓷在他的手里，如同羊肚子一样柔软。还有奇怪的事。元宵节时，阿保抱着小主人去逛灯会，半夜未归，家里人很着急。直到三更才回来，主人责怪他，他说："这儿的灯不热闹，我带小主人去了一趟福建省城，那里的灯才好看呢。主人何必着急呀！"主人吓了一跳，但又细想，这是瞎说，省城这么远，他怎么能在这么短的时间内去个来回呢？不料，小主人从怀里掏出一把鲜荔枝，让父母品尝。贝家人才恍然大悟，阿保是个奇人。

阿保还有更加让人奇怪的事。有一天，阿保从水井里钓上一只三足大蟾蜍，并用数尺彩绳扎好，扛在肩上，兴奋地对人说："这个家伙一旦逃走，谁也别想得到它。我不费事就得到它了！"蟾蜍而三足，十分罕见。这个消息不胫而走，都认为神仙海蟾子来到了贝

家。人们争抢着到贝家一睹海蟾子的风采，拥挤得走不动了。此时，人们惊异地看见，肩扛蟾蜍的阿保从庭院里，冉冉升空而去。

这个阿保，就是神仙刘海的化身。其实，刘海不是他的真名。据明王士祯著《列仙全传》记载，刘海，原名刘海蟾。刘海蟾，名刘玄英，号海蟾子，初名操，一说名哲。五代时燕山（今属北京）人。辽朝进士。燕主刘守光的宰相。好黄老之学。

某日，刘操遇到了一件奇事。忽然一个道士贸然来访，自称正阳子，刘操热情接待。道士落座后，让刘操拿出十个鸡蛋和十文铜钱。然后，先将一文铜钱置放到桌子上，再把一个鸡蛋平稳地放到铜钱上。以此类推，一文铜钱，一个鸡蛋，逐渐地累叠成一个类似宝塔的形状。颤颤巍巍，危如累卵。刘操见状，大惊道："太危险了！"道人趁机说："人身居荣禄之场，足踏忧患之地，其遭遇的危险比这个大多了！"

听到这句饱含人生哲理的话语，刘操震惊了。他大震撼，大醒悟。从此，遁迹于终南山，在山中潜心修炼。终于炼出了道教仙丹，服用后，尸体化解。有一股白色气体，从脑门喷出，幻化成了一只白鹤，翩翩飞上了天堂。这是关于刘操出家的一个版本。

刘海戏金蟾年画

其实，还有刘操出家的一个真实的版本。后梁太祖朱温于开平三年（909）封刘守光为燕王。过了两年，后梁末帝乾化二年（912）刘守光僭称燕帝。刘操极力劝谏，刘守光不听，刘操托疾挂印离去。并改名刘玄英，取道号海蟾子。从此，游历名山，遍访道友。后巧遇吕纯阳，受其真传，得其仙道，并遁迹于终南山、华山之间。道教全真道奉其为北五祖之一。全真道尊奉王玄甫、钟离权、吕洞宾、刘海蟾为四大祖师。加上全真道的创始人王重阳，合称北五祖。元时，刘海蟾的地位进一步提升，元太祖忽必烈封其为明悟弘道真君。至元武宗时，刘海蟾被加封为帝君。

至于刘海戏金蟾的说法，是刘海蟾一名的析离和讹传。

据清褚人获著《坚瓠五集》记载，刘海蟾十六岁中进士，五十岁当宰相。得道出家后，他应该是一个白发老者。但是，流行的刘海图像，却是一个翩翩少年。刘海的形象，是笑逐颜开的，是乐观向上的。这是一个给人带来欢乐的喜庆神。传统年画《福字图》里，刘海是必不可少的人物形象。

24 祭祀本命星顺星

顺星，道教神名。也称本命星、六十元辰，又称六十甲子，是道教信奉的趋吉避凶的本命神。

中国古代传统的计时方法，是天干地支法。用十天干即甲、乙、丙、丁、戊、己、庚、辛、壬、癸与十二地支子、丑、寅、卯、辰、巳、午、未、申、酉、戌、亥，循环相配，由甲子起至癸亥止，共得六十对，用此计年，六十年为一周，称"六十甲子"。

道教称六十甲子为六十位星宿。每个星宿各有一神，共有六十位神，轮流值年。道教吸收民间流行的计年方法，并提出"本命"的说法，称凡本人的出生年六十甲子干支之年，叫本命元辰，本命年。当年值班的神就是某人的本命神。如某人出生于甲子年，那么甲子即是其本命元辰，甲子年即是其本命年。本人的出生日在六十甲子的干支，叫本命日。相传，礼祀本命元辰之神，可以保佑一生平安顺利，吉祥如意。中国民间将此种做法，叫做"求顺星"。

就此，道教还提出了"太岁"的说法。太岁亦称岁神，是道家眼中的"大将军"。每年都有一个太岁，即有一个大将军，这位大将军是不能动的。如果要动土搬迁，一定要避开大将军的方位。清顾张思著《土风录》记："术家以太岁为大将军动土迁移者必避其方。"

明冯应京著《月令广义·岁令二》："太岁者，主宰一岁之尊神。凡吉事勿冲之，凶事勿犯之，凡修造方向等事尤宜慎避。又如生产，最引自太岁方坐，又忌于太岁方倾秽水及埋衣胞之类。"那么，怎么寻找大将军的方位呢？很简单。以2014年为例，这年是甲午年，它的太岁大将军就在甲午，以此类推，共有六十个不同的太岁大将军。

这六十位太岁大将军各有其名，读者不妨对号入座，根据自己的本命元辰，找找自己的太岁大将军。他们是：

甲子太岁金辨大将军，
乙丑太岁陈材大将军，
丙寅太岁耿章大将军，
丁卯太岁沈兴大将军，
戊辰太岁赵达大将军，
己巳太岁郭灿大将军，
庚午太岁王济大将军，
辛未太岁李素大将军，
壬申太岁刘旺大将军，
癸酉太岁康志大将军，
甲戌太岁施广大将军，

乙亥太岁任保大将军，
丙子太岁郭嘉大将军，
丁丑太岁汪文大将军，
戊寅太岁鲁先大将军，
己卯太岁龙仲大将军，
庚辰太岁董德大将军，
辛巳太岁郑但大将军，
壬午太岁陆明大将军，
癸未太岁魏仁大将军，
甲申太岁方杰大将军，
乙酉太岁蒋崇大将军，
丙戌太岁白敏大将军，
丁亥太岁封济大将军，
戊子太岁邹铛大将军，
己丑太岁傅佑大将军，
庚寅太岁邬桓大将军，
辛卯太岁范宁大将军，
壬辰太岁彭泰大将军，
癸巳太岁徐单大将军，
甲午太岁章词大将军，
乙未太岁杨仙大将军，
丙申太岁管仲大将军，
丁酉太岁唐杰大将军，
戊戌太岁姜武大将军，
己亥太岁谢太大将军，
庚子太岁卢秘大将军，
辛丑太岁杨信大将军，

壬寅太岁贺谔大将军，
癸卯太岁皮时大将军，
甲辰太岁李诚大将军，
乙巳太岁吴遂大将军，
丙午太岁文哲大将军，
丁未太岁缪丙大将军，
戊申太岁徐浩大将军，
己酉太岁程宝大将军，
庚戌太岁倪秘大将军，
辛亥太岁叶坚大将军，
壬子太岁丘德大将军，
癸丑太岁朱得大将军，
甲寅太岁张朝大将军，
乙卯太岁万清大将军，
丙辰太岁辛亚大将军，
丁巳太岁杨彦大将军，
戊午太岁黎卿大将军，
己未太岁傅党大将军，
庚申太岁毛梓大将军，
辛酉太岁石政大将军，
壬戌太岁洪充大将军，
癸亥太岁虞程大将军。

太岁神不仅有名有姓，而且各有形象，形象各异。例如，甲子太岁金辨大将军，身着长袍，面目清癯，长髯五绺，威风凛凛。其最奇特之处是眼

文章之神魁星

睛，二目中各长出一只小手，手心中各托有一目。构思怪异，超出想象。

山西省介休市绵山大罗宫风景区有六十元辰殿，该殿分上、下两层。殿内墙壁上形象逼真的画像也是六十元辰，和塑像一起正好是六十位。在此各个不同年份出生的人都可以找到自己的"本命星君"。民间有本命年穿红背心、系红裤带、祭拜本命神，以求消灾免祸、增福增寿的习俗。

魁星星君，本叫奎星，亦称魁星。他是中国古代神话中主宰文章兴衰的神。魁星星君的来历，先辈学者多有阐发。

清朝著名学者顾炎武《日知录》卷三二"魁"条："今人所奉魁星，不知始自何年。以奎为文章之府，故立庙祀之。乃不能像奎，而改奎为魁。又不能像魁，而取字之形，为鬼举足而起其斗。"

这是说，现在尊奉魁星星君的习俗，不知是从什么时候开始的。人们把奎星作为读书人文采的渊源，因此设立寺庙祭祀他。但是，奎星的"奎"字终究不像为首的形状，所以把"奎"字改为"魁"字，叫

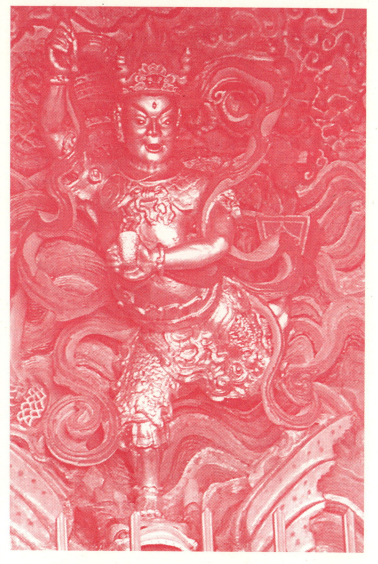

云南省昆明市西山龙门石魁星

魁星。因为"魁"字,具有为首的、第一的含义。然而,魁星星君还是没有具体的形象,就按照"魁"字的形状,塑成了一个抬起脚、举着斗的鬼的形状。这就是魁星星君的来历。

魁星星君的具体形象是怎样形成的呢?究其实,是按照"魁"字的模样衍化塑成的。"魁"字是由偏旁"鬼"和"斗"合成的字。有人说是"鬼抢斗",也有人说是"鬼之脚右转,如踢北斗"。好事者就塑成一个赤发蓝面恶鬼的形象。这个恶鬼,左手紧紧捧着一只笨重大斗,说明他在摘取魁斗;右手狠狠握着一支如椽大笔,表示他在用笔点定中试者;左脚向后跷起如"鬼"字的大弯钩,似在表示魁星星君踢斗;右脚稳稳地踏在巨龟的头上,取独占鳌头之意。这就是所谓"魁星点斗,独占鳌头"了。

魁星星君掌握着文人的运数,读书人自然要悉心供奉他。平时烧香祭祀自不必说,就连考试时,也要怀揣魁星星君像,以求顺利过关。

过去魁星楼、魁星殿遍布全国各地,至今尚有部分留存。现在最著名的魁星像,是云南昆明西山龙门之上的石魁星。跨进凌空而立的龙门石坊,映入眼帘的便是达天阁石殿。这里是龙门制高处,山势巍峨,令人屏息。石殿依天然崖壁,顺山依势,向内镂空凿成,殿内正中供奉手持点斗巨笔、独占鳌头的魁星神像。像高三尺有余。两旁是文昌、关帝像。要说明的是,文昌和关羽的品级和地位,都要高于魁星。不知此殿为什么弄颠倒了。这也证明,神仙的排序,不如人间的严格。

广西壮族自治州有一座魁星楼,又称文笔塔,很有特色,是贺州市古代文人学士崇拜的象征性建筑物,建于清朝乾隆五年(1740)。塔高五层共二十七米,塔身呈六角形,塔体用大青砖砌身,表面却呈红色,上盖绿色琉璃瓦,门额浮堆黑色"魁星楼"三个大字。此楼具有很高的历史价值和艺术价值，属广西壮族自治区重点保护文物。

26

文昌帝君文昌星

文昌帝君，亦称文昌星、文星。他是中国古代学问文章、科举士子的守护神，主宰功名利禄的道教神仙。文昌帝君是五文昌之首。

所谓五文昌，亦称五文昌夫子、五文昌帝君，是主管文运的五位道教神仙。他们是文昌帝君、魁星星君、朱衣神君、纯阳帝君、文衡帝君。

俗语说：北孔子，南文昌。可见，文昌帝君盛行于中国南方。确实，说到文昌帝君，就不得不提到一个人和一个神。人的名字叫张亚子，神是梓潼神。

西晋年间，四川省梓潼县有个孝子名张亚子，带兵打仗，不幸为国捐躯。当地百姓佩服其为父母尽孝，为国尽忠，便立祠祭祀他。久而久之，张亚子成了梓潼当地的梓潼神，该祠变成了梓潼神庙。这是一座小庙，本名不见经传，但安史之乱令其命运转变。

安史之乱发生，唐玄宗李隆基被迫避难四川梓潼。梓潼神显灵在路上迎接，李隆基大喜，封梓潼神为左丞相。一百多年后，唐僖宗李晔因乱亦避难四川，梓潼神再次显灵救驾。唐僖宗李晔大喜，封梓潼神为济顺王。由于两代唐朝皇帝的青睐和推崇，令小小的梓潼神迅速从地方神变成全国神。但仅有皇帝的追捧还不行，梓潼神毕竟来自小地方，需要包装包装。

宋元道士负责包装梓潼神。宋元道士假托梓潼神降笔，写了一篇《清河内传》，说梓潼神生于周初，后来经过七十三代，西晋末托生为张亚子降生在四川，后成为梓潼神，并说玉皇大帝命他掌管文昌府和人间禄籍。元仁宗延祐三年（1316），皇帝爱育黎拔力八达加封其为"辅元开化文昌司禄宏仁帝君"，梓潼神与文昌星从此合二为一，也就是今天的文昌帝君。

有人会问，文昌帝君和文曲星是不是同一个神呢？答案：不是。文曲星是北斗星君之一，是天皇大帝和紫微大帝的弟弟，是斗姆元君的儿子，其地位远远高过文昌帝君。不过，文昌帝君虽然出身低微，但其信众却一点也不少。文昌宫、文昌祠和文昌阁等，过去曾遍布全国各地，仅北京城内就有十来座。

四川梓潼县城以北有座七曲山。山上有座著名的文昌宫，当地人又叫它"大庙"。这是全国文昌宫的祖庙，里面供奉着主管人间功名利禄的文昌帝君。这座文昌宫的前身是"亚子祠"，是为了纪念西晋的张亚子而修建的。

大庙的名字是怎么来的呢？明朝末年，张献忠领兵入川，路过这座文昌宫，他见庙内供奉的是文昌君张亚子，便说："你姓张，咱也姓张，咱与你联了宗吧。"他就把文昌宫改成了"太庙"。"太"与"大"相通，这里便又被叫做"大庙"了。张献忠还让人在庙里塑了他的一尊坐像。张献忠失败后，他的这尊坐像被捣毁。

大庙有宫殿楼阁二十余处，主要有桂香殿、天尊殿、关圣殿、文昌殿、大悲楼等。建筑依山取势，高低错落，宏伟壮观。大庙里铁铸群像最为著名，其中最大的是文昌帝君神像，高达一丈四尺，重约六百斤。神像两侧为文昌帝君的侍童，左侧为天聋，右侧为地哑。

27

文财神比干

民间传说中的文财神，名叫比干。商朝纣王的叔父，纣王朝的亚相。节烈之臣。《史记·殷本纪》："纣愈淫乱不止，比干曰：'为人臣者，不得不以死争。'乃强谏纣。纣怒曰：'吾闻圣人心有七窍。'剖比干观其心。"这是说，纣王更加荒淫迷乱，谏诤不听。比干痛心地说："做大王臣子的，不得不冒死谏诤。"于是，就强行向纣王进谏。纣王恼怒地说："我听说圣人的心脏有七个孔洞。"就剖开比干的胸膛，挖出他的心脏。这段记载，反映了纣王的残忍无道，表现了比干的忠贞节烈。

据西汉韩婴著《韩诗外传》卷四："纣作炮烙之刑，王子比干曰：'主暴不谏，非忠也；畏死不言，非勇也；见过即谏，不用即死，忠之至也。'遂谏，三日不去朝，纣囚杀之。"这段记载，进一步印证了比干是个直言敢谏的节烈之臣。

比干的故事，在明朝作家许仲琳的白话长篇神魔小说《封神演义》中，展现充分。话说商朝的最后一个君主纣王荒淫无道，增选嫔妃。冀州牧苏护不得已，将爱女妲己进奉纣王。苏护亲自护送爱女去都城朝歌，行至中途，忽遇妖氛。原来是一只九尾狐狸精作怪兴妖。它把妲己害死，将自己的魂投入到妲己的魄中，借尸还魂。现在的妲己，已经不是原来的妲己了。妲己到达朝歌，纣王一见，骨软筋酥，立即纳为王妃。自此，纣王就不再上朝了。大臣屡谏不听，反而听信妲己之言，斩首太师杜元铣，炮烙上大夫梅伯。同时，妲己设计陷害国母姜皇后。纣王听信谗言，将姜皇后剜目焦手，姜皇后气绝身亡。二王子又被追杀，为救护二王子，镇殿大将军方弼兄弟被迫造反。丞相商容冒死谏诤，纣王下令金瓜击顶，商容撞柱殒命。这真是，天子失政，杀子诛妻，阻塞忠良，恣行无道。

妲己还进谗言，设计了叫做"炮烙"的酷刑。妲己说道："此刑约高二丈，圆八尺，上、中、下用三火门，将铜造成，如铜柱一般。里边用炭火烧红。却将妖言惑众、利口侮君、不尊法度、无事安生谏章、与诸般违法者，跣剥官服，将铁索缠身，裹围铜柱之上。只炮烙四肢筋骨，不须臾，烟尽骨消，尽成灰烬。此刑名曰'炮烙'。若无此酷刑，奸猾之臣，沽名之辈，尽玩法纪，皆不知戒惧。"纣王曰："美人之法，可谓尽善尽美！"

妲己又把黑手伸向了忠臣比干。

纣王建成鹿台，作为自己与妲己寻欢作乐之所。纣王乞求妲己邀请神仙赴宴，以满足他的私欲。妲己无法，就到城外的狐狸洞中找到一群百年妖狐，邀请三十九只妖狐赴宴。书中写道，那月光渐渐地现出，妲己悄悄启曰："仙子来了。"慌的纣王隔绣帘一瞧，内中袍分五色，各穿青、黄、赤、白、黑，内有戴鱼尾冠者，九扬巾者，一字巾者，陀头打扮者，双丫髻者；内有盘龙云髻如仙子、仙姬者。纣王在帘内观之，龙心大悦。只听有一仙人言曰："众位道友，稽首了。"众仙答礼曰："今蒙纣王设席，宴吾辈于鹿台，诚为厚赐。但愿国祚千年胜，皇基万万秋！"妲己在里面传旨："宣陪宴官上台。"比干上台，月光下一看，果然如此，个个有仙风道骨，人人像不老长生。自思："此事实难解也！人像两真，我比干只得向前行礼。"内有一道人曰："先生何人？"比干答曰："卑职亚相比干，奉旨陪宴。"一道人曰："既是有缘来此会，赐寿一千秋。"比干听说，心下着疑。内传旨："斟酒。"比干执金壶，斟酒三十九席已完，身居相位，不识妖气，怀抱金壶，侍于侧伴。这些狐狸，俱仗变化，全无忌惮，虽然服色变了，可狐狸骚臭变不得。比干只闻狐骚臭。比干自想："神仙乃六根清净之体，为何气秽冲人！"比干叹息："当今天子无道，妖生怪出，与国不祥。"

到后来，妖怪醉了，狐狸尾巴都拖下来晃。比干看得明白，暗暗叫苦。于是，比干请来武成王黄飞虎，共同设谋，找到了朝歌郊外的狐狸洞。就派兵火攻这个狐狸洞，将这些妖狐全部烧死。妲己闻此大怒，发誓定报此仇。为此，她无端装病，说要治好自己的病，只有借比干的一片心。昏庸的纣王就向比干索要一片心。

比干的死是凄惨而悲壮的。书中写道，纣王曰："皇叔之言差矣！总只借心一片，无伤于事，何必多言？"比干厉声大叫曰："昏君！你是酒色昏迷，糊涂狗彘！心去一片，吾即死矣！比干不犯剜心之罪，如何无辜毫此非殃！"纣王怒曰："君叫臣死，不死不忠。台上毁君，有亏臣节！如不从朕命，武士，拿下去，取了心来！"比干大骂："妲己贱人！我死冥下，见先帝无愧矣！"喝："左右，取剑来与我！"奉御将剑递与比干。比干接剑在手，望太庙大拜八拜，泣曰："成汤先王，岂知殷受断送成汤二十八世天下！非臣之不忠耳！"遂解带现躯，将剑往脐中刺入，将腹剖开，其血不流。比干将手入腹内，摘心而出，往下一掷。掩袍不语，面似淡金，径下台去了……且说比干马走如飞，只闻的风响之声。约走五七里之遥，只听得路旁有一妇人手提筐篮，叫卖无心菜。比干忽听得，勒马问曰："怎么是无心菜？"妇人曰："民妇卖的是无心菜。"比干曰："人若是无心，如何？"妇人曰："人若无心，即死。"比干大叫一声，撞下马来，一腔热血溅尘埃。

后来，姜子牙助周，讨伐纣王成功，敕封诸神，比干被封为北斗星官文曲星。科举时代，读书人的荣华富贵都从科举中求取。为此，文曲星比干又被奉为文财神。供奉文财神比干，可以获得功名禄位。

　　现在尚存的重要的比干庙在河南。河南省卫辉市城北七公里处，坐落着比干庙。这座比干庙，还是天下林氏子孙的家庙。相传周武王灭掉纣王之后，感念比干忠烈，派人寻找比干的后裔，祈望给予抚恤。比干夫人陈氏解除流亡生活，携子归周。周武王很是佩服陈夫人，称赞她能以带孕之身，逃避纣王的追杀，有大智慧，相信她的儿子将来必有出息。鉴于遗孤生于长林石室，便赐其姓林，取名坚，是谓林坚。这样，林坚便成为第一个姓林的人。而他的父亲比干则被尊为林姓的太始祖，又被民间尊为文财神。

比干像，《封神真形图》，清代墨绘本

比干庙已存世三千余年。此庙保存完好，十分难能可贵。它占地11.3万平方米。由北而南的中轴线上，分别布置着：墓、墓碑亭、石坊、大殿、拜殿、配殿、碑廊、本坊、二门、山门、照壁。墓体占地二十亩，高二十米；大殿里竖立高大威严的比干像；左边配殿塑有始祖林坚及后代名人林放、林开等像；右边配殿塑妈祖林默娘像。

院内的建筑，堪称世界瑰宝，举世无双。山门前的照壁更是别具风采，引人注目。此壁建于明代，距今已有几百年，是真正的建筑古董。其高六米，宽十米。前后正中镶嵌着二十四块绿色琉璃砖，砖面浮雕为牡丹图案。构图新颖，豪华壮丽，为古建筑之极品。

庙内最为突出的是一座石坊。此石坊名为"丹心明石坊"。坊额书"殷太师比干墓"，上联"孤忠心不死"，下联"故社柏犹存"。坊顶石雕图案：中间为心形，右侧置"彤云托日"，左侧置"飞云拱月"。整体名为"飞云日月捧心"，象征庙主人比干的爱国忠心与日月同辉，与社稷共存。还有一个最为珍奇的墨迹，就是孔子目前存世的唯一的墨宝"殷比干莫（古时莫、墓通用）"碑了。

坊间流行福星、禄星、寿星的三星组合，是在祈求福、禄、寿齐全。其中位于福寿两星中间的禄星，据说是文财神比干。比干一派贵族高官的风貌。穿戴考究，头戴文官帽，身穿紫锦袍，腰环金玉带，手捧大元宝，脚蹬厚底靴。面貌清新，眉清目秀，唇红齿白，眼细须长。仪容慈祥，体态优雅。比干在民间是个凛冽无私的正面形象。

28

武财神赵公明

旧时民间所祀之财神，是虚构的人物。赵公明，本名赵朗。有关他的传说，由来已久。最早的记载，似出自东晋干宝著《搜神记》。按《搜神记》卷五云："有妖书云：'上帝以三将军赵公明、钟士季，各督数（万）鬼下取人，莫知所在。'"这里记载的赵公明，在典籍中首次出现。

渐渐地，赵公明被演绎为财神。据《三教源流搜神大全》卷三记载："赵元帅，姓赵讳公明，终南山人也。自秦时避世山中，精修至道，功成，钦奉玉帝旨召为神霄副元帅。其服色头戴铁冠，手执铁鞭，面黑色而胡须，跨虎。驱雷役电，唤雨呼风，除瘟剪疟，保病禳灾，元帅之功莫大焉。至如公讼冤抑，买卖求财，可对神祷，无不如意，故上天圣号为总管上清正一玄坛飞虎金轮执法赵元帅。"这里的"至如公讼冤抑，买卖求财，可对神祷，无不如意"的记载，就是赵公明成为民间崇祀财神的由来。

也有传说指赵公明是张天师张道陵之徒。张道陵在鹤鸣山修炼时，收赵公明为徒，"使其骑黑虎，守护丹室"。张道陵炼丹成功后，分与徒弟们食用。赵公明吃了，顿时法力大增，形如天师。于是，张道陵命赵公明守护斋坛即玄坛。所谓"黑虎玄坛赵公明"就是这么来的。

赵公明成为民间信奉的武财神，主要是得益于明朝作家许仲琳编撰的神魔小说《封神演义》的流传。小说讲述姜子牙奉元始天尊之命，在封神台封神。赵公明上了封神榜。封神时，姜子牙命清福神柏鉴："引赵公明等上坛受封。"不一时，清福神柏鉴用幡引赵公

赵公明像，《封神真形图》，清代墨绘本

明等至台下，跪听宣读敕命。姜子牙曰："今奉太上元始敕命：尔赵公明昔修大道，已证三乘根行；深入仙乡，无奈心头火热。德业迥超清净，其如妄境牵缠。一堕恶趣，返真无路。生未能入大罗之境，死当受金诰之封。特敕封尔为金龙如意正一龙虎玄坛真君之神，率领部下四位正神，迎祥纳福，追逃捕亡。尔其钦哉！招宝天尊萧升、纳珍天尊曹宝、招财使者陈九公、利市仙官姚少司。"赵公明等听罢封号，叩首谢恩，出坛去了。这里说的"迎祥纳福，追逃捕亡"，就指明赵公明是个福神。而他手下的四位正神，分别具有"招宝""纳珍""招财""利市"的功能，则进一步说明赵公明是主管财政的财神。赵公明武艺高强，也就是武财神了。

《三教源流搜神大全》所描绘的赵公明形象为：头戴铁冠，手执铁鞭，面黑色而多须，跨虎。这正是后世所供武财神赵公元帅的典型图像。书中又称其授正一元帅，手下有八员猛将、六毒大神，还有五方雷神、五方猖兵、二十八将等。又称他能"驱雷役电，唤雨呼风，除瘟剪疟，保病禳灾"，功莫大焉。据此，道教又将其与灵官马元帅、关圣帝君关羽、亢金大神温琼合为四大天将。

关于赵公明的赐财功能，《三教源流搜神大全》解释说："买卖求财，公能使之宜利和合。但有公平之事，可以对神祷，无不如意。"自此，赵公明司财，使人致富的功能深入人心。至近代，又有人附会赵公明为回人，不食猪肉，"每祀以烧酒牛肉，俗谓斋玄坛"。(清姚福均辑《铸鼎余闻》卷四)这些都是虚构。他的回回族籍身份，更属无稽之谈。

民间还以关公为财神。关公是一位全能神明，财神不过是其功能之一。

29

中国爱神和合神

中国民间神话中象征男女相爱之神。和合神，即和合二仙，传说为唐代高僧寒山子与拾得子的化身。二人相交甚厚，和睦同心。清世宗雍正十一年（1733）封天台寒山大士为和圣，拾得大士为合圣，于是有和合二仙或和合二圣之称。民间所绘和合二仙为一持荷花、一捧圆盒相向为舞的两位和尚。荷与和、盒与合谐音，取和谐合好之意。此图寓意为和合二仙。旧时和合二仙图常挂于中堂，取和美吉利之意。又常于婚礼中悬挂他们的画轴，象征夫妻相爱美满。和合二仙不是一下子形成的，其最初的原型是万回哥哥。

万回原是个普通人。据说是河南虢州阌（wén）乡人。俗姓张。生于唐太宗贞观六年（632）五月初五。唐时民间供奉他，认为他能预卜休咎，排解祸难。俗称之为万回哥哥，后又成为欢喜之神。

万回生而愚痴，九岁能语。出家后，法名寂感。因其兄远戍安西，距家万里，音讯隔绝，或以为死于边陲，其母悲怆思念，乃设斋遥祭。万回出口说道："兄健在，我即为送斋。"于是囊括祭物，出门如飞，日暮而还。得其兄家书，缄封犹湿。因一日往还万里，故人称万回。唐玄奘赴西土取经，见佛龛上有"菩萨万回，谪向闵乡地教化"字样，归来特至阌乡访谒，师礼有加。万回曾被唐高宗召入内廷，武后赐锦袍玉带，士庶贵贱竞相礼拜，声名大噪。其行为狂放，善于饮啖，常于众人丛中身披锦袍，随意笑骂。或挝锤击，言事灵验。景云二年卒于长安，享年八十岁。

到了宋代，万回由颠僧变成了和合之神。明田汝成著《西湖游览志馀》卷二三记道："宋时，杭城以腊月祀万回哥哥，其像蓬头笑面，身着绿衣，左手擎鼓，右手执棒，云是和合之神，祀之可使人万里外亦能回来，故曰万回。今其祀绝矣。"这是说，宋朝时，杭州在每年的腊月都要祭祀万回哥哥。万回哥哥的神像，头发蓬松，笑容满面，身穿绿衣，左手擎鼓，右手执棒。大家都说他是和合之神，很灵验，祭祀他，亲人即使在万里之外，也能顺利回来。所以，叫他万回。这大概是当时对远在他乡的亲人，苦于思念，渴望团聚，便把希望寄托在万回身上，亲切地称之为"哥哥"。由此他变成了欢喜之神。不过，这个祭祀到明朝时，已经绝迹了。

那么，什么时候开始祭祀和合二仙的呢？

大约是在清朝。既然讲和合，就应该是两位神仙，只一个万回哥哥已经不行了。因此，在清朝就开始祭祀寒山与拾得二仙了。据清翟颢著《通俗编》卷十九"和合二圣"条云："今和合以二神并祀，而万回仅一人，不可以当之。国朝雍正十一年封天台寒山大士为和圣，拾得大士为合圣。"似寒山、拾得即成为和合二圣了，和合二圣又称和合二仙。

寒山子是个奇人。据明洪应明著《仙佛奇踪》记载，他没有姓氏，没有族属。曾住在始丰县天台山的寒岩中，遂名寒山子，是唐朝诗僧，擅长作诗。容貌干枯憔悴，身穿破衣烂衫，头戴桦树皮帽，脚踏大号木屐。饿了，就到国清寺捡拾寺僧吃剩的饭菜。有时，走到寺院的廊下，大声喊叫，望空谩骂。寺僧忍无可忍，拿着棍棒来驱赶，他则拊掌大笑，扬长而去。

当时国清寺有个奇僧丰干禅师。他道行深邃，出语惊人。有人询问佛理，他回答："随时。"他口唱道歌，身骑猛虎，来到国清寺，众僧敬畏。丰干禅师知道寒山子非等闲之辈，就试探他说："你与我游五台山，就是我的同流。如果不同我去，就不是我的同流。"寒山子答道："我不去。"丰干禅师说道："那就不是我的同流。"寒山子问道："你到五台山去做什么？"丰干禅师回答："我去礼拜文殊菩萨。"寒山子说道："如此，你不是我的同流。"看起来，寒山子是个很有来历的高僧。

寒山子还在国清寺当过烧火和尚，后来，他缩身岩石缝中，只说"你们大家努力吧"，石缝忽然而合，杳无踪迹。

拾得子也不是等闲之辈。人们不知道他的名字。有一次，丰干禅师在山中行走，忽然听到小儿的啼哭声。他循声找去，看到了一个仅几岁的小孩子，遂取名拾得。他把拾得带回国清寺，让他照看食堂的香灯。忽然，有一天，发现他竟然登座，与佛对盘而食。寺僧恼怒，罚他到厨房干活。拾得子对寒山子很友善，把吃剩的饭菜洗干净，装在竹筒中，送给寒山子。

寒山子与拾得子关系密切。他们在佛学、文学上的造诣很深，二人常吟诗唱偈，并有诗题于山林间。后人把寒山子诗汇集成卷，名《寒山子诗集》，收诗三百余首。他的诗针砭时弊，讥讽世态，语言浅近，风格自然。清代大学者纪昀认为他的诗"有工语，有率语，有庄语，有谐语"，评价甚高。拾得子也写了不少诗，多似佛偈，偏于说理。他写的诗附在了《寒山子诗集》之后。

至于他俩的交情，在民间还有这样一个传说。寒山子和拾得子同住在北方一个村中，虽异姓而亲如兄弟。寒山子略长，与拾得子同爱一女，而寒山子不知。临婚时，寒山子始知，于是弃家到苏州枫桥，削发为僧，结庵修行。拾得子听说，大为震撼，亦舍女来江南寻寒山子。探得其住处后，乃折一盛开荷花前往礼之。寒山子一见，急持一盒斋饭出迎。

二人乐极，相向为舞。随后，拾得子也出了家。二人在此开山立庙曰"寒山寺"。

其实，这两位继丰干禅师以后的唐代高僧，于唐代贞观年间，由天台山至苏州好利普明塔院任住持，此院遂改名为闻名中外的苏州寒山寺。

清罗聘绘《寒山拾得写意画像》拓片

姑苏城外寒山寺，是和合二仙"终成正果"之处。其间的寒拾殿中，至今供奉着寒山拾得精美的木质金身雕像。寒山寺大雄宝殿的后壁嵌有寒山拾得写意画像石刻，这是扬州八怪之一的大画家罗聘所绘。佛殿的后壁嵌有寒山诗三十一首。每年的除夕之夜有大批的日本客人到寒山寺听钟声，礼拜和合二仙。

和合二仙是婚姻和合之神。在我国传统的婚礼喜庆仪式上，常常挂有和合二仙的画轴。画轴之上有两位活泼可爱，长发披肩的孩童。一位手持荷花，一位手捧圆盒，盒中飞出五只蝙蝠，象征五福临门。他们相亲相爱，笑容满面。人们借此来祝贺新婚夫妇白头偕老，永结同心。民间年画中有《和合二仙》《和合赐神》《和合二仙状元及第》等题材，很受百姓欢迎。

第三章

情感神

爱情神牛郎织女

牛郎织女是中国民间神话传说中的爱情神。牛郎和织女是从牛郎星和织女星的星名衍化而来的。牛郎织女的传说，是一个动人心弦的爱情传说。这个爱情传说与孟姜女传说、白蛇传说、梁祝传说，并称为我国四大民间爱情传说。

牛郎织女的爱情神话传说，有一个历史演变过程。

这个传说，在《诗经》里就显露出雏形，但没有故事情节。

汉朝《古诗十九首》："迢迢牵牛星，皎皎河汉女。纤纤擢素手，札札弄机杼。终日不成章，泣涕零如雨。河汉清且浅，相去复几许。盈盈一水间，脉脉不得语。"这里出现了有血有肉的人物形象，似乎隐含着某种故事情节。

南朝梁殷芸著《殷芸小说》云："天河之东有织女，天帝之子也。年年机杼劳役，织成云锦天衣，容貌不暇整。帝怜其独处，许嫁河西牵牛郎。嫁后遂废织纴，天帝怒。责令归河东，但使一年一度相会。"在这里，神话故事的梗概，已经大致具备了。

完整的牛郎织女传说，有多个版本，大同小异。

其一，可能是初始版本。织女为天帝孙女，王母娘娘外孙女。于织纴之暇，常与诸仙女，于银河澡浴。牛郎则下方一贫苦孤儿，常受兄嫂虐待。分与一老牛，令其自立门户。其时天地相去未远，银河与凡间相连。牛郎遵老牛嘱，去银河窃得织女天衣。织女不能去，遂为牛郎妻。经数年，产儿女各一，男耕女织，生活幸福。

不意天帝查明此事，震怒

非常。立遣天神往逮织女。王母娘娘虑天神疏虞，亦偕同去。织女被捕上天，牛郎不得上，与儿女仰天号哭。时老牛垂死，嘱牛郎于其死后剖皮衣之，便可登天。

牛郎如其言，果偕儿女上天。差一点就要追及织女，王母娘娘忽拔头上金簪，凭空划之，顿成波涛滚滚天河。牛郎织女隔河相望，无由得渡，只有悲泣。后终感动天帝，许其一年一度于七月七日鹊桥相会。

其二，内容有些许差异。相传在很早以前，河南南阳城西牛家庄，有个聪明忠厚的小伙子，父母早亡，只好跟着哥哥嫂子度日。嫂子马氏为人狠毒，经常虐待他。一年秋天，嫂子逼他去放牛，给他九头牛，却让他等有了十头牛时才能回家。

牛郎无奈，独自一人赶着牛进了山。在他无计可施时，有位须发皆白的老人出现了，笑着对他说："别难过，伏牛山里有一头病倒的老牛。你去好好喂养它，等老牛病好后，你就可以赶着它回家了。"

牛郎翻山越岭，到了伏牛山，终于找到了那头有病的老牛。他打来饲草，喂了三天，老牛吃饱了，抬起头告诉他，自己本是天上的灰牛大仙，因触犯了天规被贬下天来，摔坏了腿。自己的伤，需要用百花的露水洗一个月才能治好。牛郎细心地照料了老牛一个月，治好了老牛的伤。牛郎高高兴兴赶着十头牛回了家。

回家后，嫂子对他仍旧不好。曾几次要加害他，都被老牛设法相救。嫂子最后恼羞成怒把牛郎赶出家门，牛郎只要了那头老牛相随。

天上的织女和诸仙女一起下凡游戏，在河里洗澡。牛郎在老牛的帮助下认识了织女，二人互生情意。后来织女便偷偷下凡，来到人间，做了牛郎的妻子。织女还把从天上带来的天蚕分给大家，并教大家养蚕、抽丝，织出绸缎。

牛郎和织女结婚后，男耕

女织，情深意厚。他们生了一男一女两个孩子，一家人生活得很幸福。但是好景不长，这事很快便让天帝得知。王母娘娘亲自下凡，强行把织女带回天上，恩爱夫妻被拆散。

牛郎上天无路，还是老牛给他指明了路。老牛告诉牛郎，在他死后，可以用他的皮做成鞋，穿着就可以上天。牛郎按照老牛的话做了，穿上牛皮做的鞋，拉着自己的儿女，一起腾云驾雾上天去追织女。眼看就要追到了，岂知王母娘娘拔下头上的金簪一挥，一道波涛汹涌的天河出现了。牛郎和织女被隔在两岸，只能相对无言流泪。他们的忠贞爱情感动了喜鹊。千万只喜鹊飞来，搭成鹊桥，让牛郎织女走上鹊桥相会。王母娘娘无奈，发了善心，允许两人在每年七月七日于鹊桥相会。由此形成了七夕节。

牛郎织女的传说，是中国过去封建社会男耕女织小农经济生活的艺术反映。反映了封建宗法制度下的家庭关系及其造成的婚姻悲剧。

牛郎星和织女星正好位于天河的两边，在夏夜特别显眼。牛郎星和织女星真能一年一度相会吗？牛郎星和织女星是两颗像太阳那样的恒星。它们也是能够自己发光发热的。牛郎星正式的中国名称是河鼓二，它所处的星座叫天鹰星座。织女星正式的中国名称是织女一，它所处的星座叫天琴星座。星座的名字和划分都是从西方引进的。

牛郎星和织女星离我们非常遥远，牛郎星是十六光年，织女星是二十七光年。它们之间的距离也十分遥远，是十六光年。也就是说，走得最快的光和电，从牛郎星到织女星也得一刻不停地跑十六年，更不要说其他交通工具了。假定这两颗星上真的住着牛郎和织女的话，他们想打个电话或者通个电报互相问好，这个长途电话单程就得十六年！可见，天空中的牛郎织女两颗星是不可能相会的。再说，牛郎星的表面温度达到八千摄氏度，而织女星还要高，达到一万一千摄氏度。论个儿大小，也是织女星比牛郎星大，织女星的直径是我们太阳的3倍，而牛郎星的直径是太阳的1.6倍。这么大的两颗星又怎么能相会呢？

婚恋保护神泗州大圣

泗州大圣又叫泗州佛。据说，他原来是西域人，后来定居在泗州，泗州今属安徽省泗县。泗州民间有许多关于泗州大圣的离奇传说，有的说他是观音菩萨的化身，十分灵验，求财得财，求子得子。又说，当年泗州屡闹水患，泗州大圣施用功法，并建造灵瑞寺，降伏了妖魔水母，使得泗州永绝水患。因而，人们多年来从没有忘记他。

其实，泗州大圣还是婚恋受挫者的保护神。这里流传着一个故事。话说有一条洛阳江，流经福建的惠安和晋江两县的交界处。江水湍急，过往不便。相传宋朝时，大书法家蔡襄的母亲怀他时，有一次渡江，因江上无桥，只得船渡。江水翻滚，小船颠簸，蔡襄之母吃尽了苦头。登岸后，她便自言自语："我儿诞生后，若能担任一官半职，千万别忘了在这里造一座桥，便利行人。"这话让未降生的胎儿蔡襄听得真切。后来蔡襄果然当上了泉州太守，他不负母望，来洛阳江上造桥。

不料，造桥遇到了困难，因江水过猛，用于打桥基的大条石都被江水冲跑了。太守蔡襄陷入了困境。忽然一天，洛阳江上远处漂来一只小船，船后端坐着一个划船的白须老翁，船前站着一位妙龄女郎。虽然江水怒吼，水流急迫，但小船却稳稳地停在了江心。只见老翁向岸上围观的人们大声喊道："吾女待字闺中，今特来此。有能将银子铜钱投到吾女头上者，吾即将吾女许配于他，绝不食言。"竟有这等好事？于是，许多年轻人都跑到岸边来投钱，但没有一个投中的。银子铜钱纷纷掉落在滚滚洪涛之中，落入了江底。

原来，这父女并非常人。老翁是土地爷幻化，女郎是观世音变成。他们清晨来到，傍晚划走。日复一日，几个月过去了，落在江心的银子铜钱铺了厚厚的一层，成了河桥的奠基石。但是，人们久投不中，不得要领。恰在此时，有一个聪明的泗州漂亮小伙，想到了一个好办法。他暗自思忖，如果手握一把散碎银两，作扇形状投将过去，也许能够成功。他就按照此法，将大把散碎银两作扇形状投了过去，还真灵验，其中果然有一块轻轻地击中了女郎的头部。大家为他的成功齐声欢呼。殊不知，这是观世音感到桥基已经奠成，而且她也相中了投钱的小伙，就暗使法力，将一小块银两放到了自己的头上。

老翁不食前言，让小伙子到凉亭去见面。但令小伙子没有想到的是，他往凳子上一坐，就永远地站不起来了。原来他的灵魂被观世音度化到西天成佛去了。而他的肉身如泥塑般僵坐在了亭中，变成了民间顶礼膜拜的泗州大圣。但是，在世俗人们的眼中，泗州大圣的婚姻是不幸的，他在人间并没有得到爱情，是婚姻受挫。为此，泗州大圣就成了人间婚姻爱情受挫者礼拜的对象。

这个富有人情味的故事，得到了民间的认同。于是，在惠安、晋江一带，老百姓修造了许多供奉泗州大圣的凉亭。恋爱中的情侣、婚变中的夫妇，就常到凉亭中来，在他们信奉的泗州大圣的脑后，挖上

重庆市大足区大足石刻之泗州大圣像

一点泥巴，以求泗州大圣的保佑。

婚姻之神月下老人

32

月下老人是中国古代民间传说中掌管婚姻之神。

据说，唐朝时候，有一名叫韦固的人，自幼父母双亡。长大后，有一次，他到宋城（今河南省商丘县南）去办事，住宿在南店里。一天晚上，韦固在街上闲逛，看到月光之下有一个奇异的老人，靠在一个大布袋上，在翻阅一本又大又厚的书。韦固很好奇地过去，问道："老先生，请问您在看什么书呀！"那老人回答：

"这是一本记载天下男女婚姻的书。"韦固听了以后更加好奇，就再问道："那您袋子里装的什么呀？"老人微笑着对韦固说："装的是红绳儿，用它们来拴系夫妻双脚的。即使是仇敌之家，贫贱悬隔，天涯分离，吴楚异乡，这条红绳儿一系，男女双方就永远不能分开了。"

韦固听了，自然不会相信，以为老人是和他说着玩的。但是他对这古怪的老人，仍旧充满了好奇，当他想要再问他一些问题的时候，老人已经站起来，带着他的书本和袋子，向米市走去，韦固也就跟着他走。

到了米市，他们看见一个盲女子，抱着一个三岁左右的小女孩迎面走来，老人便对韦固说："这盲女人手里抱的小女孩，便是你将来的妻子。"韦固听了很生气，以为老人故意跟他开玩笑，便叫家奴去把那小女孩杀掉。家奴跑上前去，刺了女孩一刀，就立刻跑了。当韦固再要去找那老人算账时，却已经不见老人的踪影。

光阴似箭，转眼十四年过去了。韦固当了兵，英勇善战。这时韦固已经找到满意的对象，即将结婚。对方是相州刺史王泰的掌上明珠，人长得很漂亮，只是眉宇间始终黏着贴花。韦固觉得非常奇怪，于是便问他的岳父说："为什么她的眉宇间有个贴花呢？"相州刺史听了以后便说："说来令人气愤，十四年前在宋城，有一天，她的母亲抱着她从米市走过。突然跑来一个狂徒，竟然无缘无故地刺了她一刀。幸好没有生命危险，只留下这道伤疤，真是不幸中的大幸呢！"又说，后来其母病逝，刺史王泰收养了她，待她如亲闺女。

韦固听了，愣了一下，十四年前的那段往事迅速地浮现在他的眼前。他想，难道她就是自己命仆人刺杀的小女孩？于是便紧张地追问说："那女子是不是一个失明的盲妇？"

王泰看到女婿的脸色异常，且问得蹊跷，便反问道："不错，是个盲妇，可是你怎么会知道呢？"韦固证实了这点，真是惊讶极了，一时间答不出话来。过了好一会儿才平静下来，然后把十四年前在宋城遇到月下老人的事，和盘托出。王泰听了，也感到惊讶不已。

韦固这才明白月下老人的话并非开玩笑。他们的姻缘真的是由神仙做主的。因此，夫妇俩更加珍惜这段婚姻，过着恩爱的生活。

不久这件事传到宋城，为了纪念月下老人的出现，县令便把南店改为"订婚店"，且亲自题写了匾额。这个故事，出自唐朝李复言的《续幽怪录》。

由于这个故事的流传，使得大家相信，男女结合是由月下老人系红绳儿，先天定下来的。所以，后人就把媒人叫做月下老人，简称"月老"。"月老"成为媒人的代称。

生育神月光菩萨

月光菩萨是中国传说中的爱情神、生育神、团圆神。月光菩萨分为土月光菩萨和洋月光菩萨。土月光菩萨是中国老百姓喜闻乐见的，是中国人自己造出来的有中国味道的中国菩萨。洋月光菩萨则是佛教里的正宗的菩萨，还没有完全中国化，还不被中国老百姓所熟知，是舶来品。

先说土月光菩萨。 这是中国人自己造出来的菩萨，是为了满足中国老百姓的精神和物质的需要而造出来的。月亮，同太阳相对，俗称太阴。月光菩萨又称月娘、月姑、月光娘娘、太阴星主、月宫娘娘、月光仙子等。月光菩萨是情感神，也是物质神。她有多元用途，人们很喜欢她。

月光菩萨其实就是月亮。月亮和太阳一样，一直陪伴着人们，是人们的好伙伴、好朋友、好证人。一到晚间，人们面对着或圆或缺、或明或暗的月亮，往往遐思无限，浮想联翩。他们从中或得到慰藉，或得到鼓舞，或得到温暖，或得到希冀。可以说，月光菩萨是爱情神，是生育神，是团圆神。

她是爱情神。 自古以来，恋人海誓山盟，常常要跪拜月光菩萨，请月光菩萨做个见证。元代剧作家关汉卿的杂剧名作《闺怨佳人拜月亭》，就描写了一对恋人拜月起誓的故事。话说在战乱中，王尚书的女儿王瑞兰同落魄书生蒋世隆意外相遇，遂结伴而行。在流亡过程中，这对青年男女产生了爱情，就自作主张结为夫妻。后来，王尚书发现了他们已结为连理。但以不门当户对为由，而强行拆散了这对恩爱夫妻。

夜间，王瑞兰在院庭中，面对皎洁的明月，祈求月神保佑自己与丈夫重新团聚，声泪俱下："愿天下真心相爱的夫妇永不分离。"随后，王尚书给王瑞兰重新介绍了新科状元，王瑞兰不同意，新科状元也不同意。但后来发现，这新科状元恰好是王瑞兰的前夫蒋世隆。最后，有情人终成眷属，皆大欢喜。这是月光菩萨起了作用，她保护了有情人的至死不渝的爱情。月光菩萨是当之无愧的爱情神。

陕西省扶风县法门寺
月光菩萨像

她是生育神。远古人们总结经验，发现了一个似乎是规律性的东西：月亮由圆到缺，二十八天是一个周期；女人发现，月经也是二十八天为一个周期。因此，他们误认为女性的月经同月亮的运行有关系。因此，为了多子，古人就在女性的月经期行房事。这是很不科学的做法。同时，月亮的月圆月缺，使古人想起了孕妇腹部的膨大缩小。由此，为了孕妇的安全，小儿的幸福，人们常常礼拜月神，月亮又成为了主宰生育的生育神。

她是团圆神。中秋节是月亮最大最圆时的节日。每年阴历八月十五，人们都要过中秋节。中秋节就是团圆节。"其有妇归宁者，是日必返夫家，曰团圆节也"。此时，家家要吃月饼，赏圆月。

宋代大诗人苏轼曾作词《水调歌头·明月几时有》，词前小序："丙辰中秋，欢饮达旦，大醉，作此篇。兼怀子由。"词曰：

"明月几时有？把酒问青天。不知天上宫阙，今夕是何年。我欲乘风归去，又恐琼楼玉宇，高处不胜寒。起舞弄清影，何似在人间！转朱阁，低绮户，照无眠。不应有恨，何事长向别时圆？人有悲欢离合，月有阴晴圆缺，此事古难全。但愿人长久，千里共婵娟。"

这首脍炙人口的中秋词，作于宋神宗熙宁九年（1076），即丙辰年的中秋节，为作者醉后抒情，怀念弟弟苏辙之作。作者采用浪漫主义的手法，把月宫和人间相对比，把现实与想象相联系，表达了对人生跌宕起伏的乐观态度，以及对未来生活的美好向往。苏轼以月亮起兴，借此表达自己的思想情感。这足以说明月亮是团圆神。

提起月神，就不能不提起嫦娥。提起嫦娥，就不能不提起"嫦娥奔月"的故事。嫦娥原名姮娥，是大羿（后羿）的妻子。据西汉刘安著《淮南子·览冥训》："羿请不死之药于西王母，姮娥窃以奔月，怅然有丧，无以续之。"高诱注："姮娥，羿妻；羿请不死药于西王母，未及服食之，姮娥盗食之，得仙，奔入月中为月精也。"这个故事是说，后羿和他的妻子嫦娥原本都是天神，后被贬到人间受苦。后羿经过千辛万苦，到西王母处讨得长生不死药，不料叫其妻嫦娥偷食了。结果嫦娥升天，到了月宫，做了月精。这个月精就是丑陋不堪的蟾蜍。事与愿违，嫦娥再也不能和丈夫团聚了。

但民间的传说却更富有人情味。大体是说，嫦娥到了月宫，深感高处不胜寒，十分孤单，很为自己的行为懊悔，极想见到久别的丈夫。嫦娥给丈夫后羿出主意："平时我没法下来，明天乃月圆之时，你用面粉做成丸子，团团如圆月形状，放在屋子的西北方向，然后再连续呼唤我的名字。到三更时分，我就可以回家来了。"第二天晚上，后羿按照嫦娥所言一一照办。三更时分，果然见妻子从皓月中下凡，两人团圆。从此，月饼成了中秋节必备的民俗食品，同时，嫦娥在人们的心目中已经成为值得同情的月光菩萨了。

次说洋月光菩萨。月光菩萨是药师如来佛的右胁侍，又作月净菩萨、月光遍照菩萨。梵语为月光菩萨摩诃萨。月光菩萨的出处，众说不一。《药师经疏》记载，过去世电光如来时期，印度有位医王，育有二子名日照、月照。父子三人发心愿利乐众生。后来，印度医王成了药师佛。日照和月照分别成为日光菩萨和月光菩萨，即药师佛的左右胁侍。

助产神顺天圣母

顺天圣母是中国古代的妇女助产神和妇幼保护神。顺天圣母，名叫陈靖姑或陈进姑，亦称陈夫人、临水夫人、顺懿夫人、大奶夫人。她在我国南方广有受众群体。她的事迹存在于一些笔记和方志中，全为民间传说。

陈靖姑，传说为五代或唐时人。家住福建古田县临水乡。父亲做过户部四品郎中，母为葛氏。看起来，她还是出身于官宦之家。后来，陈靖姑得到仙人的指点，学到了真本事。曾在家乡为民除害，斩杀害民的妖蛇。由此，惠帝封她为顺懿夫人。但以上的记载同她的助产神的定位，似乎毫不相干。

她助产的事迹主要有两件。

其一，为徐翁之媳助产。

传说陈进姑（不是陈靖姑）是福州陈昌的女儿。唐代宗大历二年（767）生，嫁给了刘杞。不久，就怀孕了。怀孕数月，突遇大旱。陈进姑舍身救旱，自动堕胎，向天祈雨。不久，

福建省古田市临水宫顺天圣母及十夫人像

她就病死了，年仅二十四岁。临咽气时，她发誓道："我死后一定会成为神仙，去全力地救助产妇。"死后，她真的变成了神仙。

关于顺天圣母还有另一个版本。传说建宁有一个叫徐清叟的老翁，他的儿媳难产，怀孕十七个月仍然没有分娩。这可急坏了他们一家人。此事陈进姑听说了，亲自到徐家看望了产妇。陈进姑用神眼一观，就知道产妇受到了妖蛇的蛊害。神姑当即作法，将妖蛇数斗打下，使产妇转危为安，徐翁大喜。

徐清叟实有其人，是南宋宁宗嘉定进士，官至参知政事、资政殿大学士。

其二，为唐朝皇后助产。唐皇后难产，百法莫解，危在旦夕。看到爱妻命悬一线，皇帝十分着急。陈靖姑（不是陈进姑）听说了此事，就幻化身份，变成一个助产婆，来到宫中，帮助皇后顺利地产下了一个皇子。皇帝见母子平安，龙心大悦，当即颁下谕旨，敕封陈靖姑为"都天镇国显应崇福顺意大奶夫人"，在古田建庙，定时祭祀。自此，大奶夫人陈靖姑名声大噪，她"专保童男童女，催生护幼"，受到人们的爱戴。

助产神陈靖姑的祖庙在福建，位于福建省古田县东大桥镇中村的临水宫，是全国最大的顺天圣母庙。此庙建于唐德宗贞元六年（790），元朝时加以重新修缮。清朝末年，又增容扩建，规模更为壮观。

顺天圣母关系产妇母子平安，故深受民间特别是妇人们的崇拜。农历正月十五日上元节是陈靖姑诞辰日，届时民间要举行盛大的祭祀活动。据清同治《丽水县志》卷十三记载：

每岁上元前二日，司事择妇人福寿者数人，为夫人沐浴更新衣。次日平明升座，各官行礼，士女焚香膜拜，络绎不绝。至夜，舁夫人像巡行街市，张灯结彩，鼓吹喧阗。小儿数百人，皆执花灯跨马列前队，观者塞路。官员行礼、士女膜拜、塑像巡市、小儿列队、观者如堵，顺天圣母的诞辰盛况空前。

35 月神嫦娥

月神是中国民间喜闻乐见的爱情之神。月神，又称月姑、月精、月娘、月宫娘娘、月光菩萨、太阴星主等。

月神，在我们

的心目中，大抵是指美丽的嫦娥。中国古书上将嫦娥奔月和后羿射日的神话传说有机结合，并加以巧妙的编织和合理的铺演，就变成了一个相对完整的凄美的神话故事。

嫦娥奔月和后羿射日的故事，分别来源于中国古籍《山海经》和《淮南子》。据《山海经·大荒西经》记载："帝俊妻常羲。"这里的"常羲"，就是嫦娥。嫦娥，又叫常仪、姮娥、常娥。

其实，后羿本来是一位天神。他是奉天帝之命下到人间，对苍生救苦救难来了。这个救苦救难的故事，来源于西汉刘安著《淮南子·本经》。这里说到，尧的时候，人间出现了异常情况。天上突然同时冒出来十个太阳，强烈的阳光照在万物上，烤焦了庄稼，晒杀了草木，老百姓断了吃食，奄奄一息，嗷嗷待哺。此时，各种妖魔鬼怪、毒蛇猛兽，也纷纷出笼，危害人类。天下大乱，民不聊生。面对此情此景，后羿下凡到人间救苦救难，铲除妖魔。他用特制的弓箭，一口气射落了九个太阳，并除掉了出笼危害人类的妖魔鬼怪，还老百姓一个正常的世界。从此，老百姓可以安居乐业了。

不承想，被射落的九个太阳都是天帝的儿子，惹了大祸。天帝大怒，将后羿和他的妻子嫦娥双双赶下天界，贬为凡人。后羿和嫦娥不满意在人间的生活，还想回到天堂，就请求西王母赐给他们长生不死之灵药。不久，他们得到这服灵药。后羿徒弟趁其不在家欲偷灵药，恰被嫦娥撞见。慌乱之中，嫦娥吞下了灵药。吃了长生不死药的嫦娥，飞上了月宫。后羿失去了爱妻，很是失落，但也没有办法了。嫦娥飞到了月宫，成了月宫的主人，就是月神。

但嫦娥在广漠的月宫也感到无限的寂寞，从而更加思念在人间的丈夫后羿。因此，嫦娥设了一计，让后羿在阴历八月十五月明之时，做成圆形的丸子，放在屋内的西北方向，三更时分，连呼嫦娥的名字，嫦娥就可以从月宫飞回人间了。后羿如法炮制，终于如愿以偿。后羿和嫦娥得以团圆，圆状形的丸子就变成了后来的月饼。中秋节望月宫，吃月饼，正是盼望恋人、亲人永远团圆之意。

青年男女谈情说爱，往往在花前月下。对月海誓山盟，是古代才子佳人的通行做法。他们祈求月宫娘娘为他们的爱情作证，让他们白头偕老，相爱终生。因此，美丽的嫦娥就成了恋爱男女的见证人。月神一直寄托着恋爱中的男女的复杂情怀。

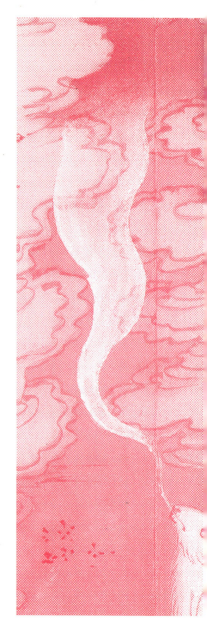

月神像，《真禅内印顿证虚凝法界金刚智经》，三卷

鬼卒煞神

煞神又叫凶神，民间传说的恶鬼，俗称煞。据说，人死后灵魂要返回世间，与自己的尸身相聚。这叫作归煞，或回煞。归煞时，死者家属要在死者棺木旁边放置死者衣服被褥，然后举家回避。但是，这个死者的魂灵来去并没有自由，阴间特派一个鬼卒监督来往。这个鬼卒就是煞神。死者的魂灵回家的日期各地不同，有七天的，有十四天的，有二十一天的，有二十八天的。

前五代时，凡遇父母丧亡时，都要按天干地支推算归煞的准确日期。到时候，家中子孙必先逃窜，不可居留家中，否则有生命危险。煞是什么形象呢？据说，煞是一个白色男子。他死去后，在阴间住了二十天和二十九天时，两次回家探望。所以，世俗也都效法，在父母死后三七二十一天时，和四七二十八天时，相率躲避，免与凶煞相遇。

北方人多讲避煞。而南方人多有接煞的风俗，即父母死后，请阴阳家推算返魂的具体日期，到时候预先接下巫婆等待，如此叫做接煞。地域不同，对待煞的态度也不同。

清朝中叶著名文学家袁枚撰写的一部笔记小品《子不语》，共二十四卷，全讲鬼怪故事。其中《煞神受枷》一文，即讲述阴间的煞神因违犯阴界律例，受到枷械处罚的故事。煞神在这里，也如人间饕餮之徒一般，因贪图口福而误事，很有味道。

话说江苏省淮安一名姓李的男子，与其媳妇婚姻美满，生活幸福。不料，李生三十多岁时，一病而亡。丈夫的尸体已经入殓，但妻不忍钉棺，白天黑夜地悲泣，还不时地启棺看看。淮安地区丧事有迎煞的风俗，人死七天之时，阴间的煞神会监押着死者的亡魂，回到人间与尸体见上最后一面。此时，死者家里人必须回避。然而，妻子让子女到别的房间去躲避，自己则独自躲到丈夫的睡帐中，等待亡魂的到来，希冀见上一面。

至半夜，阴风飒然，灯火尽绿。此时，只见一个恶鬼飘然飞来。此鬼红发圆眼，高达丈余，手持铁叉，张牙舞爪，用绳索牵着她的丈夫，从窗户窜将进来。煞神忽然瞥见棺木之前摆设的酒馔，一股久别的酒肉香气撩逗起他的食欲，就扔下李生，不顾一切地大肆饕餮起来。不管是酒是肉，一个劲地往嘴里灌，只能听到吞食的啧啧声。

李生回到家里，抚摸旧时的桌椅，想起往事，感慨万千，喟然长叹。不知不觉间，走到睡帐前，揭开帷帐，突然见到阴阳两隔的妻子，不知所措。妻子大呼，上前紧紧抱住自己的丈夫。妻子感到自己搂抱的好像是一团冷云，于是赶紧用棉被将丈夫裹住。

红发煞神突然听到大呼声，知道大事不好，急忙赶来牵夺李生。妻子大叫，也同煞神死命争抢。此时，孩子们发现了，也过来抢夺爸爸。煞神喝醉了，争抢不过，便退走了。妻子和孩子把李生的魂魄置放到棺材里，尸体竟然慢慢有气了，渐渐地复苏。于是，他们将李生抱到床上，灌以米汁，孰料李生天亮就好了。后来，他们还做了二十年夫妻。

妻子六十岁的时候，在城隍庙礼拜。恍惚中，见到两个夜叉鬼，枷械一个罪犯走过。妻子仔细一看，原来是红发煞神。红发煞神骂骂咧咧地说道："我因为嘴馋，叫你作弄了，判刑二十年。今天终于见到你了，我能放过你吗？"

妻子回家就死了。

这是一个不怕鬼的故事。有趣的是，不怕的竟然是凶神恶煞中的煞神。打败煞神的居然是一个女人和两个孩子，这足以说明鬼神是不可怕的。鬼也有他的短处，抓住鬼的短处，完全可以战而胜之。精诚所至，鬼神避之。

《子不语》还讲了另外一个不怕煞神的故事。

《江轶林》篇中，说江轶林是通州的一个读书人，娶妻彭氏，感情甚笃。一天，江生出外参加秀才考试，考中了秀才。过两天，突然传来了妻子彭氏死亡的噩耗。江生急忙赶回家，不料彭氏已经死去十四天了。此地民间惯例，人死十四天时，要于夜间在亡者棺材旁边，摆放死者生前的衣裳被褥，举家躲避。好让死者亡灵前来同其尸体相会，名曰回煞。江生痛失娇妻，想在此时同其见上一面，就偷偷地躲在棺材旁边的床底下。

守至三更，听到屋角微微响动，只见彭氏自灵前顺着棺材走到床前，慢慢揭开帷帐，低声问道："郎君回来了吗？"江生突然跃出，紧紧抱住其妻大哭。哭罢，各诉离情，解衣就寝，欢好无异生前。江生从容问道："听说人死有鬼卒监押，回煞有煞神同来，你怎么独自回来了？"彭氏答道："煞神就是负责管束鬼卒的。有罪之人，煞神就绑缚监押跟来。冥间认为妾身无罪，且与君前缘未断，所以让妾独自回来了。"自此，日日夜间彭氏都回家来，延续了两个月。彭氏死去，直到十七年后，又托生另外一个女子，嫁给了江生。

这个故事是说，像煞神一样的鬼也是有人情味的。你如果是好人，也会善待你的。这个煞神也是不可怕的。这个故事回煞的时间是人死后的第十四天。

煞神像

第四章

吉祥神

儿童保护神准胝观音

准胝观音，东密六观音之一。"准胝（zhī）"，又常作"准提"，意为清净，意思是心性洁净。准胝观音，亦称准提观音、尊提观音等。她无微不至地守护众生，可以说是七十七（即无数的意思）俱胝佛所共同加持的化身，是中国佛教徒心目中的慈悲菩萨形象，常为女性形象。此观音在汉传佛教天台宗，被称为天人丈夫观音。

准胝观音亦是七俱胝诸佛菩萨之母，有莲花部诸尊之母的称号。在准提坛城，准提佛母居中，八方有八大菩萨围护。此八大菩萨即观自在菩萨、弥勒菩萨、虚空藏菩萨、普贤菩萨、金刚手菩萨、文殊菩萨、除盖障菩萨、地藏菩萨，他们都是准提佛母的晚辈。

据说，此观音经常来到世间做好事。能摧毁危害众生的惑业，能使众生消灾延寿，并能使众生消除罪障。如果诵念准胝观音的陀罗尼真言，还能克敌制胜，使夫妻和睦，互相恩爱，还能使人得子，治愈诸病等。因其神通广大，得到受众的广泛信仰。

准胝观音的形象，以三目十八臂的为多。三目分别是佛眼、法眼、慧眼，是救惑、业、苦的三慈眼；十八臂亦各有义理，其中央双手即是用来破除"人道"贪、嗔、痴三障的。准胝观音安坐于出水莲花之上，下有两位龙王支撑。显示其增德进福，能消除一切苦难，使众生延年益寿。还能止小儿夜啼，很受妇女欢迎。

准胝观音过去在民间受到广泛崇拜，如今，中国各地仍有不少准胝庵或准提庵。

消灾免祸千手观音

千手观音，又名千眼千臂观世音，简称千手观音。东密六观音之一。与东密相对应，千手千眼观音即天台宗的大悲观音。

据唐伽梵达摩译《千手千眼观世音菩萨广大圆满无碍大悲心陀罗尼经》记载，观世音在过去"无量亿劫"即极为遥远的过去，就发誓要利益安乐一切众生，于是长出千手千眼。千手表示遍护众生，千眼表示遍观众生。据说，供养千手千眼观音，能够得到她的庇护，免除灾难。千手表示大慈悲的无量广大；千眼寓意智慧的圆满无碍。

千手千眼观音的造像有两种。一种是四十二手眼，一种是千手千眼。四十二手眼的造像，是两手两眼下，左右各具二十手二十眼，手中各有一眼，共四十二手四十二眼。再各配所谓二十五"有"，而成千手千眼。二十五有是佛教概念。"有"是存在的意思。二十五有是指佛教三界中二十五种有情存在环境。其中，欲界十四有，色界七有，无色界四有。

另一种千手千眼的造像是：面有三眼，臂有千手，于千手掌各有一眼，头戴宝冠，冠有化佛。其正大手有十八臂，先以二手当心合掌；余下十六手各持金刚杵、三戟叉、梵荚、宝印、锡杖等法器；其余九百八十二手，皆执各色宝物。

中国最大的木雕千手千眼观音是在承德外八庙的普宁寺。普宁寺建于清乾隆二十年（1755），是清代乾隆皇帝在承德修建的第一座寺庙，规模宏大，体系完整。

普宁寺在承德外八庙中有

重庆市大足区大足石刻之千手观音像

着十分重要的地位。清代蒙古族宗教领袖章嘉呼图克图和哲布尊丹巴呼图克图，每逢来承德避暑山庄觐见乾隆皇帝后，都要到普宁寺为喇嘛讲经。六世班禅不远万里从西藏来到承德为乾隆皇帝祝寿，就首先下榻于普宁寺。

39

传宗接代送子观音

清代，普宁寺是承德外八庙的宗教活动中心。如今，寺庙的主体建筑及殿堂陈设均为清代原始构造。其中，主体建筑大乘之阁内主供的千手千眼观世音菩萨，更是中国古代雕像艺术的瑰宝。这尊观世音菩萨像高27.21米，是目前世界上最高大的木结构佛像，已被列入吉尼斯世界纪录。大佛内部构造为正中一根粗大的中心柱，总高约24米，直径66厘米，由三根圆木墩接而成，是大佛的主干，穿通各层隔板，直达头部。柱根埋须弥座下3.63米。

1961年，普宁寺被国务院列为首批国家重点文物保护单位。1965年僧人重新进驻寺庙，恢复宗教活动，普宁寺成为我国北方最大的藏传佛教活动场所。

送子观音是中国民间信仰的吉祥神。旧时的中国社会，受到儒家的无后不孝、多子多福、母以子贵等观念的影响，对子嗣的延续，是极为关注的。因此，有了送子观音存在产生的土壤。

送子观音到底是如何产生的，学界目前是两种观点：一是印度佛教原有说；一是中国民间创造说。

印度佛教原有说。送子观音是印度佛教原来就有的，是诃梨帝母，俗称鬼子母，原为伊朗女妖魔，后传入印度。鬼子母原为一外道鬼女，以吃小儿为生，后来皈依佛教。关于她皈依佛教的故事，佛经中有许多不同的记载。

据唐义净译著《毗舍奈耶杂事》记载，传说古代王舍城有独觉佛出世，举行庆贺会，约五百信徒赴会。已怀孕牧牛女子也欢喜随行舞蹈，致胎儿流产，而信徒们皆无一施援手。故女子怀恨在心，发下毒誓：我欲来世生王舍城中，尽食人子。

后来果真如愿生王舍城为娑多药叉长女，后嫁给北方犍陀罗国药叉半遮罗之子半支迦，成为鬼子母，生有五百个孩子。从此，日日捕捉城中小儿食之。佛祖闻听赶去劝说无效，遂趁其外出之际，将她最宠爱的小儿子爱机偷偷藏匿在自己吃饭的饭碗里。鬼子母回家发现丢失爱机，遍寻全宇宙不获，只好求助佛祖。佛祖劝道，你有五百个孩子，现在少了一个，尚且如此。世人只有一两个孩子，失去了亲爱的骨肉，心中不知有多么悲伤呢！佛祖劝其将心比心，并以因果报应进行

说教，果然劝化鬼子母，令其顿悟前非，悔过自新，皈依佛教，成为护法诸天之一。元代杂剧《鬼子母揭钵记》即描写此事。后来，鬼子母成了妇女生育和儿童安全的保护神。

不过，有学者认为鬼子母转投佛教的故事，也许是当时的佛教徒为使伊朗人从拜火教和万灵论转移到佛教而故意编造的。

中国民间创造说。有的学者认为，送子观音不是舶来品，而是出自中国本土。因为佛教经典中，虽然有六观音、七观音、三十三观音等说法，但是没有送子观音。送子观音是中国民间创造的。佛教传入中国后，佛和菩萨的形象逐渐为国人所熟悉。人们常见的东方香积世界阿閦佛、南方欢喜世界宝相佛、西方安乐世界无量寿佛、北方莲华庄严世界微妙声佛，以及驾狮子持智慧之剑的文殊菩萨、骑白象的普贤菩萨，都是从印度传来的。而送子观音的形象，却是中国佛

教所创造的。佛教经典《法华经》中说："若有女人设欲求男，礼拜供养观世音菩萨，便生福德智慧之男；设欲求女，便生端正有相之女。"这是民间送子观音的由来。

观音菩萨原本是男身，传入中国后，就逐渐变成女儿身了。在这个过程中，有一本书起到了很大作用。宋末元初，有一位名叫管道升的女作家撰写了《观世音菩萨传略》，描述了一个国王妙庄王和他的三个女儿的故事。三个女儿，叫妙因、妙缘、妙善，后来经过曲曲折折，大喜大悲，妙善终成正果，变成了千手千眼观音菩萨。这尊千手千眼观音菩萨，雍容端庄，慈善安详，是古代贵夫人的形象。

到了明朝，作家西大午辰走人撰写了神魔小说《南海观音传》，对《观世音菩萨传略》的内容有所阐发和升华。该书共二十五回，描写了兴林国妙庄王夫妇和他们的三个女儿妙清、妙音、妙善的悲欢离合、生死诀别，最后他们全都升入天堂，成为神仙。玉皇颁发诏旨：

其封（妙善）为大慈大悲救苦救难南无灵感观音菩萨，赐予莲花宝座一副，求作南海普陀岩道场之主。其姐妙清、妙音初耽世味，后能改行迁善，修行慕道，遇难不污。妙清封为大善文殊菩萨，赐予青狮，出入骑坐；妙音封为大善普贤菩萨，赐予白象，出入骑坐，求作清凉山道场之主。其父庄王封为善胜菩萨，都仙官；其母封为万善菩萨，都夫人。其善才、龙女封为金童、玉女。

民间传说，送子观音是灵验的。据说晋朝有个叫孙道德的益州人，年过五十，还没有儿女。他家距佛寺很近，景平年间，一位和他熟悉的和尚对他说，你如果真想要个儿子，一定要诚心念诵《观世音经》。孙道德接受了和尚的建议，每天念经烧香，供养观音。过了一段日子，他梦见观音菩萨告诉他："你不久就会有一个大胖儿子了。"果然不久夫人就生了个胖乎乎的男孩。当然，这都是人们美好的愿望，不可能是真的。

40 送子张仙孟昶

张仙是中国民间供奉的吉祥神。据说，只要你虔诚地信奉张仙，他就会给你送来大胖小子。所谓信奉，不外乎触摸他，祭祀他，礼拜他，念诵他。旧时，张仙的牌位要供在屋内，张仙的纸像要挂在烟囱的左边。

张仙不同于一般的神仙，是个十足的美男子。一身华贵的公子哥打扮，面如敷粉，唇若涂丹，一双凤眼，五绺长须。他左手张弓，右手执弹，做仰面直射状，右上角还常画有一只天狗。这位张仙爷的雕像或是塑像较少，大多是画像。

据说，张仙的原形是后蜀的国主孟昶（chǎng）。清朝的学者褚人获曾记载了一个关于孟昶的民间故事。清褚人获著《坚瓠三集》卷四"张仙"条云："世所传张仙像，乃蜀王孟昶挟弹图也。昶美丰姿，喜猎，善弹。乾德三年，蜀亡。花蕊夫人随辇入宋，后心尝忆昶，因自画昶像以祀。艺祖见而问之，答曰：此我蜀中张仙神也，祀之令人有子。历言其成仙后之神异。故宫中多奉以求子，传于民间。"

这里是说，世间所传神仙张仙的画像，乃是后蜀的国主孟昶的挟弓射弹图。孟昶面容英俊，体态魁梧，喜欢打猎，善于射弹。宋太祖乾德三年（965），后蜀灭亡。孟昶的皇后花蕊夫人，乘着辇车来到了宋朝的首都汴梁（今河南开封），做了宋太祖赵匡胤的后妃。花蕊夫人心里常常思念孟昶。思绪难耐，就自己动手画了一幅孟昶的画像，贴在墙上，来纪念他。不料，宋太祖见到了画像，就问道："这是谁？"花蕊夫人不敢说实话，机敏地答道："这是我在蜀国时的神仙张仙的画像，祭祀他，可以得到子嗣。"并一再陈说张仙成仙后如何灵验，宋太祖信以为真，未加干涉。因此，皇宫内部多供奉张仙画像，以祈求降生儿子。这种习俗，后来传入民间。很明显，以上的记载是一个民间传说。

孟昶，历史上实有其人。孟昶的父亲是孟知祥。933年孟知祥任后蜀国主。宋太祖初年，孟昶继承了后蜀国主之位。孟昶是个奢侈腐化的昏君，国家军政大权主要由王昭远、韩宝正等无能的权臣掌握。孟昶的生母太后李氏，是一个明达事理的人，她早就劝说孟昶，要重用立过战功的人，可是孟昶不听。宋太祖乾德二年（964），宋太祖派兵讨伐后蜀。孟昶派傲慢自大的王

昭远为统帅迎敌。此役蜀军屡吃败仗，无奈退守剑门（今四川剑阁）。剑门一役，事关存亡。

孟昶却任命昏聩无知的太子孟玄喆为元帅。孟玄喆只知吃喝玩乐，不理军务，剑门很快失守。面对宋军的凌厉攻势，孟昶束手无策，下表投降。孟昶被宋太祖安排进了华丽的宫舍，以消解孟昶的意志。宋太祖从出兵后蜀，到后蜀投降，前后共六十六天。宋太祖乾德三年（965）六月，蜀主孟昶率子弟家族官属，来到宋都汴梁。太祖封孟昶为检校太师兼中书令，爵封秦国公；子孟玄喆，为泰宁军节度使。过不几天，孟昶患病而死，追封为楚王。其母李太后得知儿子死去，亦数日不食而死。

孟昶死后，太祖看到孟昶的溺器竟然用珠宝装饰，大怒，命令砸碎它。并感慨地说："能以珠宝装饰溺器，贮存食品的食器得用什么装饰？所行如此奢腐，岂有不亡之理！"宋太祖对于贪污腐败很是厌

張仙送子

张仙送子图

恶。大将王全斌平灭西蜀本来立下大功，可是因为在蜀有贪掠财物腐败之行，归来后不仅没有被提升，反而受到降职处分。而在蜀注重清廉的曹彬，归来时囊中只有图书和平时穿的几件衣裳，结果受到了重赏和提拔。以上便是关于孟昶的历史真相。

张仙在典籍上最早的记载，见于北宋文学家苏洵的《苏老泉先生全集》。《苏老泉先生全集》卷十五《题张仙画像》："洵尝于天圣庚午重九日，至玉局观无碍子卦肆中，见一画像，笔法清奇，乃云张仙也，有感必应。因解玉环易之。洵尚无子嗣，每旦，必露香以告。逮数年，既得轼，又得辙，性皆嗜书；乃知真人急于接物，而无碍子之言不妄矣。"这是说，宋仁宗天圣庚午年间重阳日，北宋散文家苏洵（字明允，号老泉），迤逦来到玉局观游玩。走进算命先生无碍子的挂肆，突然看到一张华美的画像，笔法清奇，引人注目。苏洵好奇地问道："这是谁？"无碍子答曰："这就是大名鼎鼎的送子张仙。他很有神通，只要礼拜他，有感必应。"苏洵当时还没有子嗣，就抱着试一试的心态，解下自己佩戴的玉环，将张仙画像换了回来。每天清晨，在屋外烧香祷告。就这样，一直坚持了数年。感动了张仙，先后得到了苏轼和苏辙。他们哥俩都爱读书。苏轼、苏辙二人都是北宋著名文学家，并名列唐宋散文八大家。通过这件事，苏洵才相信无碍子的话不是瞎说。

苏洵、苏轼和苏辙父子三人，文学史上号称"三苏"，都是著名的文学家。用他们的逸闻趣事来解读张仙，显得很有说服力。

还有一个张仙射天狗的传说。从宋太祖起，张仙便在宫中落了脚，受到皇家的奉祀。宋仁宗嘉祐年间（1056—1064年），皇帝赵祯年已五旬，尚未有子。某夜，梦一美男子粉面五髯，挟弹而前，说道："陛下因有天狗看守宫墙，所以得不到子嗣。陛下多仁政，今天我特为陛下射弹，驱逐天狗。"宋仁宗打听他的来历。他说："我是桂宫张仙。天狗在天上遮掩日月，到世间专吃小儿，只要一见到我就会逃跑。"宋仁宗听了大喜，一跺脚忽然醒了，才知是大梦一场。他马上命人画了张仙像，挂在寝宫里。此事载于《历代神仙通鉴》卷九。但是，宋仁宗始终没有得到儿子，只好从亲族中收养了一个。

旧时，能够看到张仙弹射天狗的画像。逢年过节，人们只要花上二三文钱，即可把张仙画像请到家里来，贴在烟囱旁。这时的张仙已是清人打扮，身着黄褂绿袍，手握强弓铁弹，做面向天空射击天狗的姿势。画像两旁还常贴上一副对联：打出天狗去；保护膝下儿。横批是：子孙绳绳。

民间有一种说法，家里的烟囱冲着天，会有天狗顺烟囱钻进屋里，吓唬小孩，传染天花，祸害儿女。张仙守住了烟囱口，天狗就不敢钻进屋来了。因此，将张仙的画像贴在烟囱旁。

另有一个说法，认为张仙是神仙张远霄。清褚人获著《坚瓠三集》卷四"张仙"条云："郎仁宝云，张仙名远霄，五代时游青城山得道者。苏老泉曾梦之，挟二弹，以为诞子之兆，老泉奉之，果得轼、辙，有赞见集中。人但知花蕊假托，不知真有张仙也。"这里提出一个新的说法，张仙原来是张远霄，是五代时游历道家圣地青城山的得道者。苏洵曾经梦到他，他手拿两粒弹子，准备射弓。苏洵睡醒后，认为"弹子"就是"诞子"的谐音，是诞生儿子的意思。两粒弹子，预示诞生两个儿子。果然，苏洵先后得到了苏轼、苏辙两个儿子。这件事在《苏老泉先生全集》中记有赞辞。人们只知道有假托的花蕊夫人，不知道还有一个真张仙是张远霄。

清赵翼著《陔余丛考》记

载："《续通考》云：'张远霄，一日有老人持竹弓一、铁弹三，来质钱三百千，张无靳色。老人曰：吾弹能辟疫，当宝用之。后老人再来，遂授以度世法。熟视其目，有两瞳子。越数十年，远霄往白鹤山，遇石像名四目老翁，乃大悟，知即前老人也。'眉山有远霄宅故址。"

这是说，一天，有一个老人拿着一弯竹弓和三粒弹子，来向张远霄换取三百千钱。这点东西虽然不值几个钱，张远霄还是痛快地给他换了。老人临走时说道："我这三粒弹子，可是宝贝，可以消灭疾病灾疫。你好好地使用它吧！"后来，老人再次来，就传授给他度世法。张远霄仔细地观看老人的双眼，发现老人的每个眼睛里有两个瞳子。经过几十年，张远霄远赴白鹤山，遇到一个石雕像，名四目老翁。张远霄恍然大悟，知道这个雕像就是以前的那个老人。

宋朝大诗人陆游也曾在诗中谈到张仙。陆游《答宇文使君问张仙子》诗自注云："张四郎常挟弹，视人家有灾者，辄以铁丸击散之。"本来张仙是辟疫之神，以弹子与诞子谐音，遂改为送子之神。

天津天后宫张仙阁，比较有名气。

泰山娘娘碧霞元君

碧霞元君是道教尊奉的吉祥神。传说，她是东岳大帝之女，宋真宗（997—1022年在位）时封为天仙玉女碧霞元君，俗称泰山玉女或泰山娘娘。旧时，中国民间有许多娘娘庙，庙里供奉着许多女性神。如王母娘娘、天妃娘娘（妈祖）、泰山娘娘等。民间信仰中，泰山娘娘主司妇女多子并为保护儿童之神，因而，又称其为送子娘娘、碧霞元君。碧霞元君在中国北方很受崇拜。

那么，碧霞元君的出身到底是怎样的呢？目前，大抵有五说。

第一是宋真宗所封泰山之女说。 清张尔岐著《蒿庵闲话》云："元君者，汉时仁圣帝前，有石琢金童玉女，至五代，殿圮像仆，童渺尽，女沦于池（按：指泰山岳顶'玉女池'）。宋真宗东封还次御帐，涤手池内，一石人浮出水面，出而涤之，玉女也。命有司建祠奉之，号为圣帝之女，封天仙玉女碧霞元君。"

这是说，汉朝时，在皇宫中有金童玉女石雕像。到五代时，已经度过好几百年了。宫殿坍塌，石像倒地，金童粉碎，玉女坠池。这个水池，就是东岳泰山极顶的玉女池。不知何故，玉女石像竟然流转到了泰山上的水池中。到了宋朝，宋真宗东封时回来，驻扎在御帐里。有一次，他在池边洗手，有一石人浮出水面。宋真宗将石人从水中取出，亲手洗涤。洗净一看，竟是玉女石像，宋真宗大奇，便诏令有关部门，就此建祠供奉，号为东岳大帝泰山之女，封为天仙玉女碧霞元君。

明成化年间又给这座碧霞元君祠，赐额为"碧霞灵应官"。

第二是黄帝手下七仙女之一说。据说，远古的黄帝，在建造岱岳观时，曾经派遣七位仙女下凡，头戴云冠，身披羽衣，以迎接西昆仑真人。玉女，是七位仙女当中修道成仙者。

明顾炎武《日知录》和清翟灏《通俗编》反对此说，谓西晋张华著《博物志》早有泰山神女"嫁为西海妇"的故事，后世所传泰山女，源流都在此处。宋真宗所封之玉女，即此泰山女，而非黄帝所遣之玉女。

第三是应九炁以生而成天仙说。九炁（qì），亦称九气，指始气、混气、洞气、元气、旻气、景气、玄气、融气、炎气。道教则称碧霞元君乃应九炁以生，受玉帝之命，证位天仙，统摄岳府神兵，照察人间善恶。这是说，碧霞元君是道教所称的九炁凝聚而成，得到玉皇大帝的谕旨，才证位天仙，统摄岳府神兵，以后照察人间善恶的。

第四是大善人右守道之女说。据说，汉明帝时有个大善人叫右守道，他的太太金氏生了个女神童，智力超常。三岁知诗书礼乐，七岁通汉家诸法，日夜礼拜西王母，十四岁时入泰山黄花洞潜心修炼，道成飞升，做了碧霞元君。

第五是泰山石敢当之女说。泰山山顶有碧霞祠，供奉泰山之主神碧霞元君。传说碧霞元君是石敢当之女。石敢当住于泰山东南徂徕山下，生活虽然贫困，但为人正直。其家有三女，长女、二女已出嫁，碧霞元君为其第三女。三女常助父母砍柴，卖之山阳集上。一日砍柴遇暴风雨，避入一山洞中，洞有老妪烤火于柴堆旁，三姑娘求借宿，老妪允之。自是与老妪熟，常助其生活之需。如此者数年。一日老妪谓三姑娘曰："汝非凡人，乃天上仙女。福大命大造化大。徂徕山容汝不了。汝住徂徕山，已将其地压落三尺。"今徂徕山顶平，无主峰，传云即三姑娘之所压也。老妪复语之曰："汝自此西北行，约五十里，其地有大山曰泰山，今尚无主之者，汝可去主其地。"三女即来到了泰山。这位老妪不是凡人，乃是观音菩萨。三女后来被玉皇封为碧霞元君。

这五种说法，当以第一说为是，即碧霞元君的祖籍是东岳泰山，她是东岳泰山之女。泰山的碧霞祠是碧霞元君上庙，位于岱顶天街和大观峰之间。碧霞祠是一组宏伟壮丽的古代建筑群。面积三万九千多平方米，由大殿等十二座大型建筑物组成。碧霞祠大殿五楹，九脊歇山式顶。檐下高悬清雍正帝"赞化东皇"、清乾隆帝"福绥海宇"巨匾。正中神龛内的碧霞元君贴金铜坐像，凤冠霞帔，安详端庄。

北京四方都建有碧霞元君庙，分别叫"东顶""南顶""西顶""北顶"。妙峰山的碧霞元君庙最有名，叫"金顶"。每年阴历四月初一金顶开庙，当天，人山人海，摩肩接踵。据说，慈禧太后曾经为其子同治皇帝载淳祈求发痘平安，叫庙里要等她进香以后再开庙，这叫"烧头香"。尽管慈禧太后可以"烧头香"，碧霞元君还是没能救得载淳性命，他最终仍然发痘而死。当然，这是坊间的传闻，其实同治皇帝是死于梅毒。

七星妈七星娘娘

七星娘娘是保护孩子平安和健康的吉祥神。七星娘娘又叫七星妈、七星夫人、七娘夫人。七星娘娘不是一个人，而是七位端庄温婉的女人。七星娘娘在我国南方和台湾地区十分有名，受到民间的崇拜。

孩子的抵抗力差，最容易受到疾病的侵袭。从古代始，人们就把孩子抵抗疾病的希望，寄托在神明身上。七星娘娘也就应运而生了。孩子没病时，人们去给七星娘娘烧香，祈求神明保佑孩子平安无事；孩子生病时，人们去给七星娘娘烧香，是祈求神明尽快地治好孩子的疾病。有的家长让孩子认七星娘娘作"干妈"，或为孩子请来"长命锁"，用以保佑孩子一生平安。

台湾民间流行一种"成丁礼"。男孩、女孩都施行这个民间仪式。男孩是在十六岁的时候，在农历七月七日这一天，全家穿戴整齐，由父母带领男孩，捧着供品，到七娘庙去参拜，答谢七星娘娘的保佑之恩。女孩也是如此，还要大摆宴席，宴请亲朋好友。这个仪式，一方面是答谢七星娘娘的恩德；另一方面，也是告诫孩子，他们已经长大成人了。

据说，七星娘娘本来是织女星。

七星娘娘为什么是七位呢？大概是由民间传说七仙女演化而来的。当然，传说就是传说，并无严格的逻辑。七星娘娘带给人们更多的是心理的满足和精神的寄托。

保生大帝名医吴夲

保生大帝是南方著名的神医，是妇女的保护神，是闽南籍百姓所尊奉的地方守护神。

保生大帝，本名吴夲（tāo，音滔；不是"本"字，是"夲"字），字化基，亦称大道公、吴真君，福建省同安县白礁村人。宋太宗太平兴国四年（979）三月十五日生。相传其祖先是战国时的吴季礼，子孙向四处发展，传了九世。到了大帝的父亲吴通、母亲黄氏，避乱而南迁，到了福建同安的白礁村。

对保生大帝，许多典籍都可以找到他的踪迹。如《闽书》《同安志》《台南市宗教志》都有所记载。把这些记载综合起来，可以给保生大帝画一幅像。

其一，医术高明，起死回生。吴夲医术高超，手到病除，疗效甚佳，是病人的好医生。同时，吴夲医德高尚，无分贵贱，一视同仁。"病人交午于门，无贵贱悉为视疗"。一日，吴夲上山采药，见草丛里有一具尸休，少了一条腿，像是刚死不久的样子。吴夲便找来一根树枝，接到缺腿处，略施法术，尸体竟然复活了。原来，这是一个书童，在陪同县令出游的路上，被猛虎咬掉大腿而死。吴夲便带书童去见县令，事情果然如此。

其二，医治太后，轰动京城。宋仁宗天圣九年（1031），赵祯的母后罹患乳疾，难于启齿。太医们无法诊断病因，难以下药，太后病情一天天恶化。宋仁宗赵祯束手无策，只好张榜求医。但皇榜贴出去十多天，也不见有人揭榜，宋仁宗赵祯更加心急如焚。

这天，恰好吴夲云游到京

城，见此皇榜，便伸手揭了下来。宋仁宗赵祯听说有人主动揭了榜，大喜，立即传见。等见到布衣草鞋相貌平平的吴夲，宋仁宗赵祯的心又悬了起来。无奈，人既然来了，还是让他试试吧。

来到后宫，吴夲见帷幔隔住了绣床，看不到里面。太监将一条红丝线从帷幔后面牵出，让他在红线上把脉。这是只有医术达到巅峰的医师才有的绝技。吴夲不慌不忙，伸出三根指头轻轻地按在红线上，随即叹了一口气，说道："没治了，没治了，无脉了，无脉了。"说罢起身就要告辞。站在一旁的宋仁宗赵祯不仅没生气，脸上还露出了一丝笑容。原来，这条红线是宋仁宗赵祯出主意绑在床杆上，故意试探吴夲医术的。宋仁宗赵祯见吴夲确实有本事，便命正式开诊。

吴夲只好再次把脉红线，认真辨认，一刻钟后，道："不妨事，不妨事。"说完，他提笔开了一纸药方，然后请宋仁宗赵祯将女医传来，并教授女医治疗秘法。经过一番调治，宋仁宗赵祯母后的病终于痊愈。

宋仁宗赵祯欲大加封赏，吴夲辞却不受。最后，宋仁宗赵祯赐他在故里白礁择地（现白礁慈济祖宫正殿），结庐修真悟道，行医济世。

后来，宋高宗赵构颁诏建庙白礁，奉祀大帝，这座大庙就是现在白礁的祖宫。不久，还在青礁建庙，塑大帝神像奉祀。从此，吴夲成为保生大帝。如今，青礁县的慈济宫，仍奉保生大帝塑像，供人们瞻仰膜拜。

其三，治愈国母，国母赐印。明成祖永乐十七年（1419），朱棣的文皇后患乳疾。太医久治无效，朱棣下诏悬赏求医。

保生大帝闻之，化成游方道士揭榜施医，药到病除。朱棣大喜，欲封道士为御医，道士坚辞不就，旋即乘鹤飞去。朱棣大惊。后经精通道法的大臣解释，方知是保生大帝显灵。于是，朱棣加封保生大帝为"恩主昊天医灵妙惠真君万寿无极保生大帝"。

文皇后为感谢保生大帝显灵救命之恩，特命京都能工巧匠精雕一头握有保生大帝印章的石狮，专程运送到白礁慈济祖宫，历代相传，永作纪念。后来人们就把文皇后所赐的石狮，称为"国母狮"。

其四，瘟疫猖獗，大帝显灵。清初，台湾一带瘟疫猖獗，医生百无良策。台湾的福建移民想起了救苦救难的神医保生大帝。他们强渡海峡，来到白礁慈济宫，请回保生大帝的灵身，供奉于南郡，瘟疫就真的绝迹了。于是，保生大帝得到了台湾人民的信任。从此，保生大帝的庙宇遍布全岛，至今已有一百六十余座。

在台湾学甲镇，人们把祭祀保生大帝与郑成功登陆之日联系到了一起。明永历十五年（1661）三月三十一日，由郑成功组建的抗清先锋军，渡过海峡，在台南学甲登陆。由于有着深厚的大陆情结，参加抗清先锋军的白礁子弟就把每年的阴历三月三十一日定为遥拜大陆的节日。届时，他们举行隆重的仪式，遥拜大陆的保生大帝。为此，他们还仿照福建白礁慈济宫的模样，在台湾学甲镇建造了一座白礁慈济宫，以解他们的思乡之情。

台湾人把大陆的白礁慈济宫视为祖庙。每年农历三月三十一日，大陆白礁村和台湾学甲镇两座慈济宫，都要举行大型的庙会活动，祭奠保生大帝。

台湾学甲镇慈济宫，每年都要举行"上白礁"的谒祖祭拜仪式。届时，多达十数万人涌上街头，如同欢乐的节日，敲锣打鼓，鞭炮齐鸣，祭奠保生大帝。

善财童子喜庆神

善财童子，简称善财，是佛教菩萨名。据佛经记载，孟加拉湾沿岸有一座福城，福城里住着一位耄耋长者，晚年得了一个爱子。这个孩子出生之时，家里忽然冒出了各种各样的稀世珍宝。福城长者请了一位算命先生给孩子算命，算命先生说："恭喜长者！这婴儿的福德大，为你带来了财宝，应该取名善财。"善财生来聪明伶俐，深得长者的喜爱，但唯有一事令长者担忧，就是善财并不爱财，一心想做一个追求真理的人。

他在求学期间，游历到大塔庙，参访了他景仰的文殊菩萨。文殊菩萨教导他："你要学习普贤行，最基本的方法，就是参访善知识。"善财面有难色地说："圣者！我不知道哪里有真正的善知识可以参访，我无能力分辨善恶。"文殊菩萨点头说："善财！对于善知识，应该是集中心力在他的德行、特长，去效法他的优点，而不要去评断、挑剔他的缺失、弱点，这就是参访的第一要义。"

于是，善财开始参访佛教真谛的历程。首先，善财来到南方的胜乐国妙峰山上，参访德云比丘。善财接受了德云比丘的教诲，感怀在心。接着，他又踏入社会，陆续拜访了菩萨、比丘、比丘尼、优婆塞、优婆夷、童子、童女、天神、天女、婆罗门、长者、商人、医师、船师、国王、仙人、佛母、王妃、地神、树神等各种不同身份的名人名师。这些名人名师，又叫善知识。善财历尽了千辛万苦，共游历了一百十一个城市，参访了五十三位善知识，所以称为著名的"善

儿童护法神鬼子母

财五十三参"。在《华严经·入法界品》里，详细叙述了"善财五十三参"的具体过程。最后，善财在文殊菩萨的引荐下，进一步地得到普贤菩萨的教诲，终于实现了成佛的愿望。

在佛教寺院中，观音菩萨的左右侍立着童男童女各一，童男就是善财童子。这是取材于善财童子历访名师的过程中，参谒观音菩萨而接受教化一事。因此，自古以来，善财童子就是佛子求法的典范。

民间不甚了解善财童子的求取佛教真谛的本意，普遍认为善财童子善于理财，是可以招财进宝的招财童子。供奉他的目的是祈望招财进宝、发财致富，也是可以理解的。

鬼子母，二十诸天第十五位，又称欢喜母或爱子母。鬼子母原为伊朗女妖魔，后传入印度。鬼子母原为一外道鬼女，以吃小儿为生，后来皈依佛教。关于她皈依佛教的故事，佛经中有许多不同的记载。

据唐义净译著《毗舍奈耶杂事》记载，传说古代王舍城有独觉佛出世，举行庆贺会，约五百信徒赴会。已怀孕牧牛女子也欢喜随行舞蹈，致胎儿流产，而信徒们皆无一施援手。故女子怀恨在心，发下毒誓：我欲来世生王舍城中，尽食人子。

后来果真如愿，生王舍城

为娑多药叉长女。后嫁给北方犍陀罗国药叉半遮罗之子半支迦，成为鬼子母，生有五百个孩子。从此，日日捕捉城中小儿食之。佛祖闻听赶去劝说无效，遂趁其外出之际，将她最宠爱的小儿子爱机偷偷藏匿在自己吃饭的饭碗里。鬼子母回家发现丢失爱机，遍寻全宇宙不获，只好求助佛祖。佛祖劝道，你有五百个孩子，现在少了一个，尚且如此。世人只有一两个孩子，失去了亲爱的骨肉，心中不知有多么悲伤呢！佛祖劝其将心比心，并以因果报应进行说教，果然劝化鬼子母，令其顿悟前非，悔过自新，皈依佛教，成为护法诸天之一。元代杂剧《鬼子母揭钵记》即描写此事。后来，鬼子母成了妇女生育和儿童安全的保护神。

不过，有学者认为鬼子母转投佛教的故事，也许是当时的佛教徒为使伊朗人从拜火教和万灵论转移到佛教而故意编造的。

在中国民间将她当作送子娘娘供奉。在佛寺中，造像为汉族中年妇女，身边围绕着一群小孩，手抚或怀抱着一个小孩。据佛经记载，她是一个美丽的天女，身着宝衣，头戴天冠，腕佩螺钏，耳挂铃铛，身边伴以幼童。笑容可掬，亲切温婉。

巴基斯坦拉合尔博物馆珍藏的鬼子母像

北京石景山区法海寺壁画中的鬼子母像，作贵妇人形象。她右手持宝扇，上绘有大海浮云、红日白月。身着大袖圆领袍衣，脚穿云头鞋。左手轻抚其爱子毕哩孕迦的头顶。毕哩孕迦，红绸束发，佩戴耳环、项圈，身着红袍，腰系玉带，双手合十，脚穿白底布鞋。这分明是个神童的形象。

赤松子黄大仙

46

黄大仙原来是我国东南一带的区域神，后来逐渐走向了海外，成为侨居海外的华夏名神之一。在中国大陆，对黄大仙的礼拜，则走向衰微。在我国香港、澳门，黄大仙受到特殊的礼遇。香港有黄大仙庙，香烟缭绕，香客不绝，黄大仙极得香港百姓的崇拜。

黄大仙是何方神圣？从香港黄大仙庙的有关记载来看，黄大仙的原身有四说。

一说是黄初平。黄大仙庙前有一个石门坊，石坊正中题有"金华分迹"四个大字。金华是浙江省金华县。据说，黄大仙名黄初平，晋朝丹溪人。丹溪在四川綦江县东南。黄初平后来到金华山修道。金华山在浙江省金华县之北，是黄初平得道处。金华有赤松观，是黄大仙的祖庙。金华分迹，是说香港的黄大仙庙是金华祖庙派生出来的分庙。

据明洪应明著《仙佛奇踪》记载："黄初平，晋丹溪人。年十五牧羊，遇道士，引至金华山石室中，四十余年。其兄初起寻之，不获。后遇道士，善卜，起问之，曰：'金华山中有一牧羊儿。'初起即往见初平，问：'羊安在？'曰：'在山东。'往视之，但见白石磊磊（累累）。初平叱之，石皆成羊。初起亦弃妻、子学道，后亦成仙。"这是说，黄初平原来是个牧羊倌。后来，被道士指引到了金华山修道，一修就是四十多年。他的哥哥黄初起去寻找他，碰到了一个会算卦的道士，道士告诉他："金华山中有一个牧羊倌。"黄初起就去找牧羊倌黄初平，见到了弟弟黄初平，就问："羊都到哪里去了？"黄初平回答："在金华山的东边。"到那里一看，什么也没有，只见一堆堆石头。黄初平大喝一声，奇迹出现了，石头就都变成了羊群，这证明黄初平已经得道了。哥哥黄初起受到启发，幡然觉醒，也抛弃了老婆、孩子学道，后来也成了仙。这里说明，得道后的黄初平可以随心所欲，居然能够将石头变成羊群。这大概是人们崇拜黄大仙的一个原因吧。

二说是赤松子。 黄大仙庙庙门的横匾上写着"赤松黄仙祠"。大殿内供奉黄大仙像。这是说，他们供奉的黄大仙是神仙赤松子。黄大仙的别号是赤松子。《仙佛奇踪》记载："赤松子，神农时雨师。炼神服气，能入水不濡（rú），入火不焚。至昆仑山，常至西王母石室中。随风雨上下，炎帝少女追之，亦得仙，俱去。高辛时为雨师，闲游人间。"这是说，赤松子原是神农时人。黄初平和赤松子，不是同一个时代的人。但是，在神功上，他们是相似的。所以，黄大仙所指的赤松子，应该是这个神农时的赤松子。

三说是黄野人。《仙佛奇踪》记载："黄野人，葛洪弟子。洪栖山炼丹，野人常随之。洪既仙去，留丹于罗浮山柱石之间。野人得一粒服之，为地行仙。后有人游罗浮宿石岩间，中夜见一人，无衣而绀（gàn）毛覆体，意必仙也，乃再拜问道。其人了不顾，但长笑数声，声振林木，木复歌曰：'云来万岭动，云去天一色。长笑两三声，空山秋明白。'其人归道，其形容即野人也。"这是说，黄野人道行不浅，可以让树木作诗唱歌。有人认为，黄大仙是这位黄野人。

四说是黄石公。《历代神仙通鉴》说："（黄）初平归淮阴黄石山，改名黄石公。"就是说，黄初平又叫黄石公。黄石公是个历史传说人物，后被道教尊为神仙。黄石公，又叫坯（yí）上老人。姓名不详，下邳（江苏省邳县）人。相传曾将《太公兵法》传给了汉初名相张良。一天，张良到下邳桥上散步，偶遇一位穿着普通的老人。老人故意将所穿鞋子丢落桥下，让张良去拾取。张良去取了。如此者三，张良都照办了。老人认为："孺子可教也。"就传授张良《太公兵法》。老人对张良说："阅读了这部书，就可以做皇帝的老师了。后十年你会发迹。十三年后，你会在济北遇到我，谷城山下有块黄石就是我。"于是老人离去了，没有说别的话，从此老人就再没有出现。第二天，张良仔细翻看这本书，原来是《太公兵法》。张良很惊异，经常学习它、背诵它。熟读兵法的张良，协助刘邦夺得天下。十三年后，张良随汉高祖刘邦路经济北，果然见谷城山下有一块黄石。张良便带上黄石，朝夕供奉，从不间断。后世就称坯下老人为黄石公。

黄大仙的身上有着黄初平、赤松子、黄野人和黄石公四位神仙的影子。黄大仙的法力应该是四位神仙之和。因此，黄大仙的法力就格外的大。黄大仙的崇拜者在心理上都相应地得到他的庇护。礼拜黄大仙，求福、求子、求财、求药，不一而足。香港、澳门地区的人们推崇黄大仙，就不足为怪了。

惩恶扬善济公

被神化了的济公，在历史上实有其人。

济公（1130—1209）是南宋僧人，原名李心远、李修缘，台州（今浙江临海）人，出家后法名道济。李心远在杭州灵隐寺出家，后移净慈寺。据说，他不守戒律，嗜好酒肉，特别是狗肉蘸大蒜。举止如痴如狂，被称为"济癫僧"。灵隐寺对面的飞来峰的洞穴中，至今还留有济公床、济公桌。相传济公经常在这里偷偷地烧狗肉吃。

李心远后来被神化，认为是降龙罗汉转世，被尊称为"济公"。可惜，他去罗汉堂报到晚了，只能站在过道里或蹲在房梁上。四川新都宝光寺和苏州西园戒幢律寺罗汉堂里的济公像，富有创意，十分传神。济公身着破僧衣，手拿破扇子，是典型的济公形象。他的面相也很特别；从左面看，笑容满面，叫做"春风满面"；从右面看，满脸愁容，叫做"愁眉苦脸"；从正面看，半边脸哭，半边脸笑，所谓"哭笑不得""半嗔半喜""啼笑皆非"。

济公一生惩恶扬善，扶贫济困，惩治贪官污吏，是老百姓心目中的大善人。他被当作路见不平拔刀相助的传奇人物，成了人们心中企盼的具有喜剧色彩的英雄形象。周恩来评价济公道："人民很喜欢济公。他关心人，为不公平的事打抱不平。在民间流传着许多关于济公的美丽传说。"

喜庆欢乐神八仙

八仙是道教尊崇的八位神仙，后来演变成了民间尊崇的喜庆欢乐神。八仙的称谓，原来并没有固定下来。直到明代作家吴元泰撰写的神魔小说《上洞八仙传》（又名《八仙出处东游记》）问世并流行以后，八仙的称谓才固定下来。他们是：李铁拐、钟离权、吕洞宾、张果老、蓝采和、何仙姑、韩湘子、曹国舅。他们先后得道，位列仙班。他们的故事个个生动精彩，脍炙人口。其中，最著名的要数八仙过海了。

八仙赴王母娘娘蟠桃大会，喝得酩酊大醉。辞谢王母娘娘后，趁着酒兴，各履宝物浮渡东海。东海龙王之子摩揭，看中了蓝采和渡海的大拍板，顿起贪心，抢夺大拍板，掳获蓝采和。这引起其他七仙的不满，从而展开一场大战。最后八仙将摩揭杀死，火烧东海。东海龙王向玉皇大帝告状，玉皇大帝不分青红皂白，下令派天兵捉拿八仙。八仙据理力争，并同天兵开战。天兵亦被八仙打败。后来，观音菩萨、如来佛祖和太上老君从中斡旋和解，遂各自罢兵而归。八仙过海的故事，表现了八仙不畏强权的英勇斗志和相互支援的团结精神。

八仙过海，各显神通。小说对八仙过海的描写极富想象力。小说写道，却说八仙来至东海，停云观望。只见潮头汹涌，巨浪惊人。洞宾言曰："今日乘云而过，不见各家本事。试以一物投之水面，各显神通而过如何？"众曰："可。"铁拐即以铁拐投水中，自立其上，乘风逐浪而渡。钟离以拂尘投水中而渡，果老以纸驴投水中而渡，洞宾以箫管投水中

八仙之首李铁拐

而渡，湘子以花篮投水中而渡，仙姑以竹罩投水中而渡，采和以拍板投水中而渡，国舅以玉版投水中而渡。八仙过海，各自拥有自己的渡海神器。

为祭祀八仙，全国建过很多八仙宫，其中最著名的在西安。西安八仙宫，又称八仙庵，在西安市东关长乐坊。初建于宋朝，是西安最大的道教庙观。1900年，为逃避八国联军的侵犯，慈禧太后从北京逃到西安，曾经驻跸八仙宫。后来，慈禧太后捐助一千两白银，增建修缮八仙宫，并敕封此庙为"西安东关清门万寿八仙宫"。

李铁拐，本名李玄，又称铁拐李、李凝阳、铁拐先生等，为八仙之首，在中国民间很有影响，口碑甚好。历史上并无其人，他的形象完全由民间创造。所谓铁拐实际上是他的法器——铁拐杖。

关于李铁拐修真成道的传说，民间有多个版本。明朝作家吴元泰的神魔小说《上洞八仙传》对此做了艺术的描写，流布很广。李铁拐原来质非凡骨，学有根底，状貌魁梧，心神宣朗。他年方弱冠，就识破玄机，看破红尘，一心修道。于是，他告别亲友，进入深山，穴居洞中，拔茅为席，服气炼形。数载过后，他听说太上老君李耳是宗姓之仙祖，在华山论道，就决心到华山去拜见太上老君，求师修道。

太上老君和另一位神仙宛邱，在华山修真论道。一日，太上老君对宛邱说："我观看仙录，李铁拐想成道，今天要来问道。"于是派两个小童到山下去迎接。李铁拐见到小童，知道太上老君派人接他，心中高兴。他先见老君，次见宛邱，感到终于见到了天上神人，非常激动。同时，又听到了二仙的高论，心花顿开，尘情冰释。

不久，李铁拐怀着得道的兴奋心情，回到了岩穴深林，继续修炼。一日，太上老君、宛邱驾鹤而来，邀请他十日后同游西域诸国，李铁拐爽快地答应了。十日后，临赴约之前，李铁拐对徒弟杨子说："我要出神了，赴太上老君之约去华山。我的魂已走，留魄在此。如果游魂七日不返，就可以将我的魄焚化。如果未满七日，就要好好地守住我的魄。记住，

李铁拐像

千万不要违背我的话。"说完，李铁拐就静坐游魂而去。

却说杨子受命守尸，加以防护，日夜不敢懈怠。等到第六天，忽然看到家人跑来，不知何故。家人急忙说道："你的母亲病危，只想见你一面，叫你赶快回去。"杨子大哭说道："母病危急，师魂未返，如果我去了，谁来看守尸体呢？"家人诚恳劝道："人死已经不能复生。况且已经死了六天，内脏必定腐朽，不能复活了。母亲病危，送死不及，终天之恨。"杨子知道事情急迫，不得已焚烧了师父的尸体，洒泪看望母亲去了。

却说李铁拐魂出华山，随太上老君西游诸国，多得太上老君之道。在归来之前，太上老君看着李铁拐，笑而不语，似有隐情。临行前，送给李玄一偈："辟谷不辟麦，车轻路亦熟。欲得旧形骸，正逢新面目。"李铁拐不知何意。他归期，正好七天。来到茅斋寻找自己的魄，但见毛发无存。转身看到一堆烧完的灰烬，悟到自己的尸体已经被焚毁了。李铁拐的游魂无所依傍，日夜凭空号叫。忽然看到远处有一具饿殍的尸体，倒在山边。猛然想起太上老君的临别赠言："欲得旧形骸，正逢新面目。"恍然大悟，这就是我的新面目了。于是，就附饿殍之尸而起。这个饿殍，蓬首垢面，坦腹跛足，样子丑陋却可爱。李铁拐爬起身来，向手上的竹杖喷了一口水，竹杖立刻变成铁质的了。李铁拐手提铁杖，肩背葫芦，一瘸一拐地向前走去。在民间，李铁拐十分有名，是因为他的葫芦里装着仙丹，可以免费救死扶伤。

正阳祖师钟离权

钟离权,钟离是姓,名权。民间多称其为汉钟离,那是因为他本人是东汉大将。钟离权的号有三,即和谷子、正阳子、云房先生。他是道教全真道的正阳祖师,法器是手中的拂尘。和李铁拐一样,钟离权亦是道教杜撰的神仙。杜撰一个人的生平,往往要从其父母开始。钟离权的父亲是谁呢?

传说,钟离权的父亲钟离章,当初因征讨北胡有功,被封为燕台侯。钟离权诞生那一天,来了一位长者,自道是上古黄神氏,要托生于此。说罢就大踏步走进卧房,顿时见有异光数丈,如烈火腾焰,侍卫皆惊。这一天是农历四月十五。据说钟离权生下来后,六天六夜不声不哭不食。到了第七天突然跃起,说道:"身游紫府,名书玉清。"表明了自己的道家身份。

长大成人后,钟离权入仕为汉朝大将。一次奉诏北征吐蕃,出师不利,大兵一到,就被羌人趁夜劫营,全军溃散。钟离权独自骑马落荒而逃。行至一处山谷,迷失了道路,步入一片深林。这时遇到一位胡僧,钟离权上前问路,那胡僧蓬头拂额,身挂草衣,带他走出几里地,有一处村庄出现在眼前。胡僧对钟离权说:"这是东华先生成道之处,将军可以就此歇息歇息了。"说罢作揖离去。然而钟离权不敢近前惊动庄中之人,只得待在原处,一动不动。过了许久,只听有人在说话:"这肯定是碧眼胡人饶舌了。"话音落处,只见一老者身披白鹿裘,手扶青藜杖,声音高亢。老人问道:"来者不是汉大将军钟离权吗?你为何不寄宿到山僧之所?"钟离权听罢大惊，心知这老者肯定是异人了。

这个时候，钟离权刚刚脱离虎狼之穴，又遭惊鹤之思，于是决定回心向道，就向老者祈求度世良方。老者遂将《长生真诀》《金丹火候》《青龙剑法》传授于他。钟离权得到这些真传后，再回头一看，原来的村庄都不见了。似乎这些村庄都是为他而设置的，钟离权大为惊诧，幡然警觉。

从此，钟离权入华山修炼。后来，他游泰山又遇华阳真人。相传华阳真人又传授给他《太乙刀圭》《火符内丹》等，因此又号正阳子。再后又入崆峒，谒见太上老君。太上老君赐号为云房先生。

相传，钟离权丫髻坦腹，手挥拂尘，赤面伟体，龙睛虬髯。元朝时，被全真道奉为正阳祖师，为全真道北五祖第二位。全真道北五祖依次为：王玄甫（钟离权师父）、钟离权、吕洞宾、刘海蟾、王重阳。

骑白纸驴张果老

与李铁拐和钟离权不同，张果老是历史上实实在在存在过的人物。他是唐代道士，本名张果。相传他有长寿秘术，齿发衰朽而不死，并自言有数百岁，因而俗称张果老。张果老的法器是他坐下的那头白驴，此白驴可以化作一张白纸，即称纸驴。

张果老有长生不老之术，隐居在恒州（今山西省大同县东）中条山。为聆听宛邱、李铁拐诸仙论道说法，常常倒着骑驴，往来于汾水晋水之间。见过他的老人们说："我小时候见到他，他就说已经好几百岁了。"他清心寡欲，无心仕途。唐太宗、唐高宗多次征召不应。武则天登基后，又召之出山，他便佯装死于妒女庙前。当时正值盛夏炎热之际，须臾间，尸体就腐烂生虫。武则天听说后，也真的相信他死了。后来人们在恒州山中又见到了他，仍然倒骑白驴，日行数万里。休息时则将所骑驴折叠起来，看上去像一张薄纸，然后将其放到巾箱之中。起行时用水一喷，又变成驴，可以骑乘。

唐玄宗开元二十三年(725)，李隆基派通事舍人裴晤，驰车到恒州去迎张果老。张果老面对裴晤，知其来意，突然气绝而死。裴晤焚香启请，说明天子求道之意。一会儿，张果老渐渐苏醒，裴晤不敢再次催请，便驰车还朝，奏知唐玄宗。李隆基就又派中书舍人徐峤、通事舍人卢重玄，持玺书迎接张果老。张果老感其诚意，这才随徐峤等来到东都（今河南省洛阳市）。李隆基命用大轿请他入宫，并百倍礼敬。公卿亦纷纷前来拜谒。李隆基询问有关神仙的事情，张果老不予回答，只是屏住呼吸，好几天不进食，搞得李隆基也没有办法。

一天，李隆基对张果老说："先生是得道之人，怎么还这般的齿发衰颓呢？"张果老说："衰朽之身，无道术可凭，所以才至于此。"说罢，便在御前拔去鬓发，击落牙齿，血流满口。李隆基大惊，对他说："先生且歇息一下，稍后再谈。"过了一会儿，李隆基出来召见他时，只见他青鬓皓齿，胜过壮年。朝中公卿有人问他方外之事，张果老全都诡言答对。尝说："我是尧时丙子年人。"使人莫测。

李隆基要留他住在内殿，并赐酒给他，张果老推辞说："山臣酒量不过三升，我有一弟子，能饮一斗。"李隆基听了大喜，便让张果老召他前来。当即有一小道士从殿檐飞下，年龄约有十五六岁，姿容俊美，步趋娴雅。谒见李隆基，言辞清爽，礼貌备至。李隆基很喜欢这个小道士，命他落坐，张果老说："弟子应当一旁侍立，不该落坐。"李隆基越看越喜欢，便赐酒给他，饮到一斗，尚不推辞。张果老忙代辞道："不能再赐酒给他了，过量必有所失。叫他来侍酒，不过要博龙颜一笑罢了。"李隆基不听，又逼小道士喝。可是酒忽然从小道士的头顶涌出，冠带落地，化为一榼（kē，古代盛酒的器具）。李隆基及众嫔全都惊呆了，再仔细一看，小道士已不见了，只有一只金榼翻倒在地。原来此榼仅盛酒一斗，察验一番，却是集贤院的金榼。

张果老道术深奥。能指鸟鸟落，指花花落，指锁门开，再指便还原本来面目。能搬移宫殿于他处，还能搬回原处。张果老入水不沉，入火有莲花托之而出。有一位善于夜视的气功师，李隆基命他夜视张果老，结果气功师看不到。李隆基屡试张果老的仙术，不可穷述。于是便封他为银青光禄大夫，赐号通元先生。后来，张果老多次以老为由，乞求皇上救归恒州。李隆基便诏令车马

相送。天宝初年，李隆基又遣人征召，张果老闻听后，忽然死了。弟子埋葬了他。后来打开棺木，只剩下一口空棺。

张果老就是这样一位神仙。

52

豆腐西施何仙姑

吕洞宾的女弟子，八仙中唯一的女神仙。何仙姑原籍何地？传说有二，一说是广东增城县，一说湖南永州（零陵）。明王圻著《续文献通考》说："何仙姑，广东增城人，何泰之女。"传说生于唐武周长寿三年（694），是广东省增城县何泰的女儿。据说何泰是做豆腐的，何仙姑帮忙卖过豆腐，绰号"豆腐西施"。她出生时就有

异相，头顶六根毫发。她的法器是一个竹罩。

唐武则天时（684—705年），何仙姑住在云母溪，年十四五岁时，梦见一个神仙说："常吃云母粉，能轻身不死。"清晨醒来，她想："神仙说的话，是不是在欺骗我呀？"于是，她抱着试一试的心态，吃了云母粉，不料，果然身子轻了。到了结婚的年龄了，她的母亲想给她物色一个女婿。何仙姑立誓不嫁，母亲也不好勉强。一日，于溪水边，何仙姑巧遇神仙铁拐李、蓝采和。他们二人授给她神仙秘诀。后来，何仙姑常往来于山谷间，身轻如燕，其行如飞，每日早去晚回。回来时，孝顺的她都带些当地的山果给母亲吃。母亲问从哪里拿回来的山果，她只是说去了名山仙境，与女仙谈真论道去了。后来逐渐长大，说话论事十分异常。

有一次，当地一小官得到天书一纸，不明就里，便请何仙姑看看。何仙姑拿来一看，见上面写的是："此人受贿十两金子，折寿五年。"

武则天听说何仙姑的事非常感兴趣，便派使臣征召她入宫。在应召赴京的路上，她中途不见了，没有人知道她的去向。据说那个向她传道的道人就是吕洞宾。

何仙姑的家乡广东省增城县小楼镇有一座何仙姑庙，至今香火不断。庙门有一副对联："千年履迹遗丹井，百代衣冠拜古祠。"相传何仙姑最后是从家门口的水井中去"问仙"的。当时，只穿了一只绣鞋，另一只留在了井台上。农历三月初七是何仙姑诞辰日，届时当地要唱大戏，来宾们要喝此水井中的"仙汤"。

长板高歌蓝采和

蓝采和是个来历不明的神仙。南唐沈汾著《续仙传》说："蓝采和，不知何许人也。"虽然南唐时期的人对他的来历一无所知，但民间传说依然不少。

传说其是五代时人。一说是赤脚大仙降生。蓝采和经常身穿破旧蓝衫，腰系三寸多宽的六扣黑木腰带，一只脚穿着靴子，另一只脚光着走路。夏天时，在衣衫内添上棉絮；冬天却常卧在雪地里，耳口鼻像蒸笼一样冒着热气。他的法器是手中三尺多长的大拍板。如今，蓝采和的形象多为手提花篮的少年。

过去的蓝采和形如乞丐。人们常见他在城里街市上行乞，手持三尺多长的大拍板，时常醉酒踏歌，老老少少都在他身后看热闹。蓝采和出语机敏，应答自如，令人笑得前仰后合。他经常似狂非狂地歌道："踏歌蓝采和，世界能几何。红颜一春树，流年一掷梭。古人混混去不迫，今人纷纷来更多。朝骑鸾凤到碧落，暮苍田生白波。长景明辉在空际，金银宫阙高嵯峨。"他所唱的歌词极多，并且率直真切，随口而出，皆有神仙意，却又神秘莫测。等有人拿出钱来给他，他就用长绳穿起来，拖在地上行走。那些钱有的给了穷人，有的给了酒家，有的散落掉了，他也从不回头看一下。蓝采和就这样周游天下。那些小时候就见过他的人，老了的时候见到他，都说他样子依然如故，穿戴依然如旧。

有一次，蓝采和在酒楼上醉倒，忽听到有云鹤笙箫声当空传来，他忽然丢下靴衫，腰带拍板，乘上白鹤，冉冉飞去。人们这才看到他的衣服，原来是玉片做的，旋即那些靴衫等物也不见了。

后人有诗题蓝采和道："长板高歌本不狂，尔曹白为百钱忙。几时逢着蓝采老，同向春风舞一场。"

54

纯阳祖师吕洞宾

吕洞宾，历史上实有其人。他名吕喦（yán），或吕巖、吕岩。号纯阳子，自称回道人。京川（陕西西安一带）人，一说河中府（山西）永乐县人。祖父吕渭，任礼部侍郎；父亲吕让，任海州刺史。唐德宗贞元十四年（798）四月十四日巳时（9—11时）生。吕洞宾是八仙之一，而且是能量最大的一个，位列全真道北五祖第三。他的法器是一支箫管。据明朝作家洪应明著《仙佛奇踪》和明朝作家郑志谟著《飞剑记》两书的记载，吕洞宾的一生完全被神化了。

传说吕洞宾降生之时，异香满室，天乐并奏。有一只白鹤从天而降，飞入帐中不见，吕洞宾降生。他生来身材雄伟，金形玉质，道骨仙风，鹤顶猿背，虎体龙腮；凤眼朝天，双眉入鬓，颈修鹳露，额阔身圆，鼻梁耸直，面色白黄；左眉角有一黑痣，如锄头大小；足下纹如龟。他自幼聪明，日记万言，出口成章。成人后，身长八尺二寸。淡黄笑脸，微麻、三髭须。穿黄襕衫，戴华阳巾，系八皂绦。形貌很像张良张子房。二十岁时还没有成家。

唐武宗会昌（841—847年）年间，吕洞宾前往长安赴试。考了两次，都没有考中进士。一天，他在长安酒肆闲游，只见一青巾白袍羽士，在一处墙壁上写下了三首绝句。其一曰：

吕洞宾像，《仙佛奇踪》，明洪应明撰，明万历三十年，1602年

"坐卧常携酒一壶，不教双眼识皇都。乾坤许久无名姓，疏散人间一丈夫。"其二曰："得道真仙不易逢，几时归去愿相从。自言住处连东海，别是蓬莱第一峰。"其三曰："莫厌追欢笑话频，寻思离乱可伤神。闲来屈指从头数，待到清平有几人。"吕洞宾惊叹这人状貌奇古，诗意飘逸，便上前行礼，问其姓氏。羽士道："你可先吟一绝，我想看看你的志向。"吕洞宾便接过笔来写道："生在儒林遇太平，悬缕垂带布衣轻。谁能世上争名利，臣事玉皇归上清。"羽士见诗后，说："诗能言志，你的志向很超卓呀！我是钟离子，住在终南鹤岭，你能与我从游吗？"钟离子就是八仙之一的钟离权。但是，吕洞宾没有立刻答应。

钟离权和他一同在这家铺子住下。钟离权亲自为他烧饭，吕洞宾却忽然就枕昏睡。梦见自己中了状元，做了高官，并两娶富家女儿，生子婚嫁之后，子孙满室，簪笏满门。如此过了将近四十年，接着又做了丞相，专权十年，权势熏炙。然而无意中犯下重罪，抄尽家资，妻离子散，流落于荒岭野谷中，孑然一身，穷苦憔悴。

立马于风雪之中，刚发长叹，恍然间醒来，锅中之米尚未煮熟。钟离权一旁笑吟道："黄粱犹未熟，一梦到华胥。"吕洞宾惊问："先生知道我的梦境吗？"钟离权说："你刚才的梦，升沉万态，荣辱千端。五十年间不过一瞬罢了。得到不足喜，丧失又何足悲？世人要经过所谓大彻大悟，才能明白人世不过一场大梦罢了。"吕洞宾感悟，于是便拜钟离权为师，求教度世之术。钟离权考验他说："你骨节尚未完善，要想求仙度世，还必须历经数世才行。"说罢翩然而去，吕洞宾当即弃儒归隐。

归隐后的吕洞宾，曾遭遇钟离权的十次测试。第一试：一次吕洞宾出外远游回来，忽见家人全都病死。吕洞宾心无悔恨，只是厚备棺椁入葬。然而须臾之际，死者却全都活过来，无病无恙。第二试：吕洞宾到市上卖货，本来已议定了价钱，买的人却突然翻脸，只给一半的钱。吕洞宾不加任何争执，丢下货物走开了。第三试：吕洞宾元日出家门，碰见一个乞丐倚门求他施舍，吕洞宾当即拿钱物给他。不想那乞丐不但索要没完，还恶言恶语，吕洞宾却只有再三地笑谢。第四试：吕洞宾在山中放羊，见一饿虎奔来，追赶羊群。吕洞宾把羊阻拦在山坡下面，自己以身相挡，饿虎却走开了。第五试：吕洞宾在山上草舍内读书，有一女子年龄在十七八岁的样子，容华绝世，光艳照人。自说归省娘家，迷了路，天已将晚，脚下无力，想借此稍加休息，吕洞宾答应了。可那女子竟百般挑逗吕洞宾，夜晚竟逼吕洞宾与她同寝。吕洞宾不为所动。这样一连三日，那女子方才离去。第六试：吕洞宾一日到郊外去，待回到家时，家里财物全都被盗贼劫去，几乎没有朝夕之用。吕洞宾毫无怒色，亲自耕种自给。一日，忽然见到锄下有数十片金子，吕洞宾立即把它们掩埋起来，一无所取。第七试：吕洞宾碰到一个卖铜的人，买回来一看，全都是金子。他就当即找到卖铜的人，把金子还给了他。第八试：有一疯狂道士在市场上卖药，说是人服下去立即就死，可以再转世得道。十天过去了，不曾售出。吕洞宾前去买下，那道士说："你可以速备后事了。"然而吕洞宾服下后却安然无恙。第九试：吕洞宾与众人一道过河，走到中间时，风涛掀涌，众人全都十分恐惧，吕洞宾却端坐不动。第十试：吕洞宾独坐一室中，忽见眼前出现无数奇形怪状的鬼魅，有的要打他，有的要杀他，吕洞宾毫不畏惧。又见有数十个夜叉，押来一个死囚，死囚血肉淋漓，号泣说道："你前世杀我，今天应偿还我命。"吕洞宾道："杀人偿命是应该的。"说着起身寻刀，就要自尽偿还其性命，忽然听到空中一声吆喝，鬼神全都不见了。有一人抚掌大笑而下，原来是钟离权。钟离权道："我考验你十次，你都不曾动心。如此可见，你肯定会成仙得道的。"

于是，吕洞宾随他一同来到鹤岭。钟离权将所有《上真秘诀》，全都传授给吕洞宾。不久清溪郑思远、太华施真人，从东南凌云而来，相互问候之后，一起落座。施真人问："站在一旁的是什么人啊？"钟离权道："是吕海州之子。"说罢便命吕洞宾上前拜见二仙。二仙去后，钟离权对吕洞宾说："我就要去朝见天帝，到时会表奏你的功德，使你也得入仙籍。你也不要久住于此，十年之后，我与你在洞庭湖相见。"说着又把《灵宝毕法》及灵丹数粒授给洞宾。这时，有二仙手捧金简宝符，对钟离子说："天帝下诏，派你为九天金阙选仙，要你马上起行。"钟离权又对吕洞宾说："我应诏朝见天帝。你在人间好自为之，修功立德，他时也会和我一样。"吕洞宾再拜说："我的志向不同于先生。我一定要度尽天下众生，才愿上升。"于是钟离权乘云，冉冉而去。

吕洞宾南游到澧水之上，登庐山钟楼时，与祝融君相遇。祝融君便传授给他天遁剑法，说："我是大龙真君，过去曾持此剑斩杀邪魔，现赠给您斩断烦恼。"后来，吕洞宾初游江淮，斩杀巨蛟兽，一试灵剑。

十年后到洞庭湖，登上岳阳楼，钟离权忽然从天而降，说："我来实践前约，天帝命你的眷属，全都居于荆山洞府，你的名字已注入玉清籍中。"传说，吕洞宾此后隐显变化四百余年，常游于湘潭岳鄂及两浙江淮间。宋徽宗政和（1111—1118年在位）年间，封为好道真人。明朝又封他为纯阳帝君，继为纯阳祖师，故又号称"吕祖"。

吕洞宾虽位列八仙第六，但在民间的声望却远远高于其他七位仙人。中国各地有很多吕祖庙、吕祖祠，道观内也常见吕祖殿、吕祖阁，这样的待遇其他七位仙人也是望尘莫及的。

55

韩湘子提花篮

韩湘子在历史上确有其人，他是唐代著名思想家、文学家韩愈的侄孙。据《唐书·宰相世系表》，韩愈有个侄子叫韩老成，韩老成有个儿子叫韩湘，字清夫。请注意，如今我们日常所见的韩湘子形象多为吹笛美少年，笛子也就成了他的法器，但这与古书所写迥然不同。据《上洞八仙传》和《仙佛奇踪》的记载，韩湘子是个成年人形象的神仙，他的法器是一个花篮。

韩湘子生来就有仙骨，性格落拓不羁。厌烦华丽浓艳，喜欢恬淡清幽。韩愈多次鼓励他攻读儒家之学，但是，韩湘子表示不能接受，公开地说："对不起，侄孙韩湘子所喜欢

韩湘子度妻图中，在天上的韩湘子
手提肩扛的法器就是一个花篮

的学问，同您喜欢的学问完全不同。"韩愈听了，很是生气，申斥了他。

一天，韩湘子出外访道寻师，偶遇钟离权和吕洞宾，于是，就毅然弃家，跟他们游道去了。后来，走到一个果树林，见到仙桃红熟，饥渴难耐，韩湘子就爬上树去摘桃。不料，树枝突然折断，韩湘子落地致死，尸体随后就分解了。这时，韩湘子的魂解脱了，冉冉升天。韩湘子谒见了天帝，天帝授他为"开元演法大阐教化普济仙卿"。而后他又游了蓬莱等仙境。后来，天帝便召他去，命他下界超度韩愈。

韩湘子受命超度韩愈。但考虑到韩愈为人正派，笃信儒学，一般不会相信韩湘子的游说。为此，韩湘子策划以谋术打动他。元和年间（806—820年），唐宪宗正旦朝贺，留韩愈等宴饮。皇上问道："今年年成丰歉怎样？"韩愈对道："今年歉收。"皇上说："你怎么知道？"韩愈说："去冬无雪，所以知道今年歉收。"宪宗听了，当即下旨，限韩愈三日内，到南坛祈祷致雪，久祷不得，就罢他的官。韩愈大为惶惧。

韩湘子知道后却大喜，他心生一计，便挂出"出卖风云雨雪"的招牌。市民都很惊讶，报给韩愈，韩愈便将他召去。当时韩湘子已经改变容貌，韩愈认不出他。韩愈诘问韩湘子说："皇上因忧年歉，想预先祷雪以求丰收。你是何人，敢出此狂言？"韩湘子敲着掌中葫芦笑道："人当然无以为之，我身中先天坎离太极混合，乾坤尚可颠倒，后天雨雪招之何难？"韩愈说："那么你祈雪来，我倒要看看。"韩湘子说："好。"于是，要酒来喝得大醉，而后登坛作法。半日，浓云漫野，寒气侵骨，天光一合，大雪立降，有一尺多深。朝中诸公都大以为异，韩愈却道："人君至诚，人臣至专所致，岂是凭一道士之力的吗？"众人都不服其论。韩愈不相信这是韩湘子的法力，问道："这场雪，是我祈祷的呢，还是你祈祷的？"韩湘子答道："我祈祷的。"韩愈问："怎么证明呢？"韩湘子说："平地雪厚三尺三寸。"韩愈派人去丈量，确实如此。韩愈此时才略微相信韩湘子有些异术。

不久，韩愈官拜刑部侍郎。宴贺时，韩湘子又去拜谒。韩愈一开始还善待他，当韩湘子言语中有劝韩愈急流勇退之意后，韩愈勃然大怒并斥责了他。并且为难他说："你能尽以一杯之酒，致使在座诸公皆醉吗？"韩湘子说："这太容易不过了，你随我来看。"说着他便取来所佩带的葫芦。葫芦粗不过一寸，高有一寸多点，装半杯酒即满。而后，他遍席敬酒。总共三十人，各计三十巡，葫芦永远没有断流过。众人全都惊骇。韩愈却说："这是民间漏雨法罢了。"韩愈又故意难为他说："能够召来仙鹤吗？"韩湘子立即召下仙鹤来。仙鹤至而起舞，转眼又化为羊，并口出歌赋，其中不过

是劝说韩愈修省引退。韩愈皆以为幻术。韩湘子不由得大声说道："您想成为天子吗？贵极人臣，尚不知避祸而早退。一旦遭贬，风尘千里，冻馁而死。老婆孩子的荣禄还能复得吗？"韩愈大怒，叱喝他出去。

一天，韩愈寿诞，设席大宴。韩湘子突然回来，为叔祖祝寿。韩愈想要难为韩湘子，就问道："你能叫酒坛生出酒来，能使土堆开出花来吗？"这是一个很大的难题，但难不倒韩湘子。韩湘子把酒坛移到桌前，用金盆盖住酒坛，一会儿打开，坛内果然生出美酒；又把黑土聚成一堆，不多时，土堆上就开出一朵艳丽的花，好像牡丹。花朵上又拥出两行金字对联："云横秦岭家何在？雪拥蓝关马不前。"韩愈读罢此联，沉吟良久，不解其意。韩湘子说道："以后会得到验证，天机不可预先泄露。"

不久，唐宪宗素性好佛，想把佛骨迎入皇宫。韩愈认为不吉利，上表劝谏，触怒唐宪

宗。唐宪宗下令，将韩愈贬谪潮州，限日起行。韩愈别家，向潮州进发。行不数日，下起雪来。行至一处，雪深数尺，马不能进，退亦无路。韩愈冻馁难禁，愁苦无诉。恰在此时，韩湘子来了。韩湘子对韩愈说道："叔祖，还记得在花朵旁边说过的话吗？"韩愈问道："这是什么地方？"韩湘子答道："这是蓝关。"韩愈想到那副对联，望天长叹道："没想到，事情发展到这个地步。"又说道："我为你补足先前那副对联吧！"于是，赋诗一首："一封朝奏九重天，夕贬朝阳路八千。本为圣朝除弊政，敢将衰朽惜残年。云横秦岭家何在？雪拥蓝关马不前。知汝远来应有意，好收吾骨瘴江边。"这就是著名的《左迁至蓝关示侄孙湘》一诗。

韩愈这才相信韩湘子的话是可信的。第二天，临别前，韩湘子拿出一瓢药送给韩愈，说道："你服一粒，可以抵御寒冷。"韩愈很受感动。韩湘子说："叔祖不久就会西归，不但没事，还会得到重用。"接着，韩湘子飘然而去。

韩愈后来确实又被召回京城。

56 曹景休曹国舅

历史上是否确有曹国舅其人，尚无法确定。他的法器是一块玉版。

据说，曹国舅是宋仁宗曹皇后的长弟，名曹景休。曹国舅的弟弟叫曹景植，依仗自己是皇帝的宗亲，夺取民田，霸占民女，诸多不法，遭到百姓的痛恨。

曹景休多方教育他，但不能阻止他作恶；极力惩办他，反而遭到他的记恨。曹国舅悲伤地说道："天下的道理，积善者昌，积恶者亡。这是千古不变的真理。现在，我的弟弟作恶多端，虽然可以明逃典刑，但不能暗逃天网。如果一旦祸起，家破人亡。"

看破红尘的他，尽散家财，周济穷人。后来，辞家别友，只身道服，隐迹山林，修心炼性。数载之间，心与道合，形随神化。明洪应明著《仙佛奇踪》记载："曹国舅，宋太后弟也。因其弟每不法杀人，深以为耻，遂隐迹山岩，精思玄理，野服葛巾，经旬不食。"

忽然一天，钟离权和吕洞宾游仙到此，见到了修道的曹国舅，很是惊讶，不禁问道："闲居为什么修炼？"曹国舅答道："其他无所作为，想要修炼道教。"二仙追问："道在哪里？"曹国舅以手指天。二仙又问："天在哪里？"曹国舅又指心。钟离权笑道："心就是天，天就是道，你已经能够识破本来面目了。"于是，将《还真秘术》传授给他，叫他修炼，不久，将他引入仙班。

看起来，曹国舅一心向道，是一心向善，是在寻求真理。据说，当上神仙，也就找到了真理。

以上是曹国舅的一个来历，也是最为人们接受和熟悉的一个来历。还有人说，曹国舅乃宋仁宗朝的大国舅，名讳不详。另一说，认为曹国舅是宋朝鲁国公曹彬之孙曹佾，其姐是宋仁宗赵祯的皇后。

第五章

护卫神

门神 神荼 郁垒

门神是中国民间流行的居家保护神。对门神的信仰由来已久，这和中国古代鬼神观念的崇信有关。旧时，人们相信鬼神的存在，为了防范恶鬼的侵入，就在自家的门框贴上门神，以求阖家平安。

最早的门神是桃木雕成的两个神像，一个是神荼（shū），一个是郁垒（lù），悬于门上。

传说远古时的黄帝，既管理人间，也统治鬼国。对那些游荡在人间的群鬼，黄帝派了两员神将统领着，即神荼、郁垒二兄弟。这哥儿俩住在东海的桃都山上，山上有一株巨大桃树，树干枝桠盘屈伸展达三千里。树顶上站着一只金鸡（又称天鸡）。每当太阳初升，第一缕阳光照在它身上时，金鸡即啼叫起来。接着，天下所有的公鸡一起跟着叫起来。这时，在大桃树东北树枝间的一座"鬼门"两旁，神荼、郁垒一左一右威风凛凛地把守着。他俩监视着那些刚从人间游荡回来的、各式各样的大鬼小鬼。民间传说，鬼只能在晚上活动，天亮之前，不等鸡叫就得跑回鬼国。二位神将要是在鬼群里发现在人间祸害人的恶鬼，马上用苇索捆绑起来，扔到山后去喂老虎。因此，鬼最怕的有四样：神荼、郁垒、金鸡和老虎。

因为当时桃木很多，就将神荼和郁垒制成大桃人，立在门口，以驱逐鬼怪。后来，就在木板上绘画神荼、郁垒和老虎，并在门上悬挂绳索，以御恶鬼。

以上记载，见于东汉王充著《论衡·订鬼》："《山海经》又曰：沧海之中，有度朔之山，上有大桃木，其屈蟠三千里，其枝间东北曰鬼门。万鬼所出入也。上有二神人，一曰神荼，一曰郁垒，主阅领万鬼。恶害之鬼，执以苇索而以食虎。于是黄帝乃作礼，以时驱之，立大桃人：门户画神荼、郁垒与虎，悬苇索以御凶魅。"

原来的神像是立体雕刻，比较费工。后来就将神像绘画在木板上，并将木板悬挂在门上，这就简便多了。或者干脆在木板上书写神将的名字，以及画些符咒。这就是所说的桃符了。

以后，又出现了著名的灭鬼好手钟馗。

钟馗以后，又出现了武将门神。唐朝以后，最著名的门神是秦琼和胡敬德。秦琼和胡敬德是唐朝初年赫赫有名的战将，是帮助李世民打天下的开

门神。右为"神荼"；左为"郁垒"

国元勋。《三教源流搜神大全》卷七云："按传，唐太宗不豫。寝门外抛砖弄瓦，鬼魅呼号。太宗以告群臣。秦叔宝出班奏曰：'愿同胡敬德戎装立门外，以伺。'太宗可其奏，夜果无警。因命画工图二人之像，悬于宫掖之左右门，邪祟以息。后世沿袭，遂永为门神。"

这是说，有一天，唐太宗李世民身体不适。他听到寝宫外，有抛砖弄瓦的声音，还夹杂着鬼怪的号叫声。唐太宗把这个奇怪的现象，告诉了诸位大臣。秦叔宝站出来，奏道："我愿意同胡敬德穿戴戎装，站在寝宫门外，保护皇上。"唐太宗答应了他们的奏请。照这样办，一夜果然无事。于是，唐太宗诏命宫廷画师，画了秦叔宝和胡敬德二人的画像，悬挂在寝宫的左右门。鬼怪作祟，竟完全止息了。后代沿袭了这个做法，秦叔宝和胡敬德二人就永远地当上了门神。

秦琼（？—638），字叔宝。齐州历城（今山东济南）人。

封翼国公。后拜左武卫大将军。死后，改封胡国公。陪葬于昭陵。

胡敬德即尉迟敬德、尉迟恭（585—658），唐朝初年大将，字敬德，朔州善阳（今山西朔州）人。屡立大功，封鄂国公。因在"玄武门之变"中，射死李元吉，助李世民夺取帝位，因而备受恩宠。贞观元年(627)，拜右武侯大将军，封吴国公。死后，陪葬于昭陵。

有的直接书写"秦军、胡帅"字贴于户上。他们本来是贵族门神，后来逐渐流传于民间。

两员神像贴在临街的大门上，披甲执钺，张牙舞爪，吓阻妖魔鬼怪。除秦叔宝和胡敬德以外，武将门神尚有赵云、马超、薛仁贵、盖苏文、孙膑、庞涓、黄三太、杨香武、燃灯道人、赵公明，乃至哼哈二将等。北方还有以孟良、焦赞为门神的，可能二人的出身不太硬气，曾落草当过强盗，故不堪登大雅之堂。这二位只好纤

吃水安全靠井神

尊降贵，在牛棚、马圈等处充当守卫。

只有驱鬼镇妖一种功能的武将门神，已不能满足人们的多种需要，于是又出现了文官门神和祈福门神。后者寄托了人们祈望升官发财、福寿延年的愿望和心态。

门神除武将者外，逐渐多样化了。祈求升官发财，贴文官门神，如文昌帝君；祈求多子多福，贴送子门神，如送子娘娘；祈求家庭和美，贴喜庆门神，如和合二仙等。温和门神大都贴于院内堂屋门上，以别于街门上的驱鬼镇邪的武将门神。

门神变成了一个多功能神。门神可以驱鬼神，镇妖邪，保升官，卫家人，助功利，降吉祥。因此，门神得到民间的礼拜。门神的信仰，寄托着人们心理的某种寄托。

井神是保护人们用井水平安的吉祥神。中国古代讲究五祀。这五祀的对象是门神、户神、井神、灶神和土神。井神是五祀之一，可见井神地位之重要。是呀，喝水能不重要吗？人离开了水是寸步难行的。

在古代，因为井水是水来源的重要途径，所以就显得更加重要。那时，在城乡到处是水井。有了水井，人们生活才有了基本保证。因此，人民祭祀井神就顺理成章了。

那时，人们是怎样祭祀井神的呢？在农村，大凡每年除夕时便须封井。春节后第一次启封挑水时，要烧纸祭井。一封一启，标示新的一年开始了。

初一为什么不挑水呢？据说，大年三十，井神要到东海，向龙王汇报工作。初二回来后，要恭候玉皇大帝来视察工作。人们理解此时的井神很忙，因此，初一不挑水。初二一大早才会赶忙到井边挑水，名曰"抢财"。

遇到节日，人们要到井边摆上甜食供品，恭敬祭祀，祈求井神提供清纯甜美的井水，水流源源不断。遇到大旱天气，人们要特意到古老的大井里挑水，浇灌柳枝，祈求井神助一臂之力，普降大雨，周济众生。其他的，娶妻生子，添人进口，都要以不同的方式祭祀井神，怠慢不得。

井神并不讲究，一般没有庙宇。有的地方，在井边造一个简陋的神龛，供奉井神。还有的地方，在井边并排摆着两尊石像，一男，称水井公；一女，称水井妈。但都不庄严隆重，有那个意思罢了。中国老百姓在供奉神明方面也是讲究实际的。

厕神紫姑

厕神是跟厕所有关的神明，是供人们占卜休咎之神。

有意思的是，厕神皆为女性形象。细分起来，厕神大体可以分为两类。一类是屈死鬼，如紫姑，有人说她是唐朝屈死的何媚，有人说她是汉朝屈死的戚姑；一类是英雄女，如武力广大无边的三霄娘娘。

先说屈死鬼厕神。这个厕神是唐朝山东莱阳人，名何媚，字丽卿。武则天称帝期间，何媚命苦，其夫叫山西寿阳刺史贪官李景给害死了。何媚被李景霸占为小妾。李景的大老婆见何媚年轻美貌，十分妒忌，时时想要害死她。于是，在农历正月十五元宵节之夜，趁何媚入厕之时，大妇将何媚害死在厕中。何媚屈死，冤魂不散，在厕中游荡。李景每每入厕，都会隐隐听到啼哭声和刀兵声，令刺史十分恐惧。此事传到了武则天的耳朵里，武则天很是惊异。她查明了事情的原委，对屈死的何媚非常同情，当即下旨，晋封何媚为厕神。就这样，何媚当上了厕神，叫紫姑。也算给何媚一个说法了。

屈死鬼紫姑还有一个说法。有人认为紫姑不是唐朝的何媚，而是汉朝的戚姑。戚姑是汉高祖刘邦的妃子，后遭到吕后的陷害，施以酷刑，砍掉了四肢，成为"人彘"，死在厕所里。戚姑的惨死得到后人的同情。因此，人们就说紫姑神的原型是汉高祖的妃子戚姑了。

以上说的是屈死鬼厕神的类型。

次说英雄女厕神。英雄女厕神是指三霄娘娘，即云霄、琼霄和碧霄三位仙姑。她们是《封神演义》里的三仙岛的三位女侠的艺术形象。她们的兄长是著名的武财神赵公明。赵公明帮助商王打周王，不幸战

厕神像

死。三霄娘娘为其兄报仇，也投入了残酷的厮杀。她们个个武艺高强，功夫超人。最要命的是她们握有两件稀世法宝，一件是金蛟剪，一件是混元金斗。这两件法宝将她们的敌人都打败了。所有的神仙在这两件法宝面前，都丧失了法力，一概被擒。到最后，惊动了元

一八七

60

始天尊和太上老君。这两位元老亲自出马，才轻而易举地要了三霄娘娘的命。

最后，姜子牙奉元始天尊之命封神时，三霄娘娘被封为感应随世仙姑正神。具体内容如下："今特敕封尔三姑执掌混元金斗，专管先后之天，凡一应仙凡人圣天子诸侯贵贱贤愚，落地先从金斗转劫，不得越此，为之位。"

《封神演义》作者许仲琳借此发挥道："云霄娘娘、琼霄娘娘、碧霄娘娘，以上三姑正是坑三姑娘之神。混元金斗即人间之净桶，凡人之生育，俱从此化生也。"这就是说，三霄娘娘就是坑三姑娘，坑是指北方的茅坑、粪坑。并进一步说明，混元金斗不过是人们经常使用的净桶罢了。总之，英雄的三霄娘娘就是厕神。四川峨眉山曾有一座著名的三霄娘娘庙。三霄娘娘的塑像是娘娘模样，三人合祀，神态庄严，表情稳重。

灶神灶王爷爷和灶王奶奶

灶神是民间风俗的居家保护神。又称灶君、灶王、灶王爷、灶君菩萨。据说，灶神能够升天到玉皇大帝处，汇报人间的善恶。因此，人们对这位长于打小报告的灶王爷，便心存敬畏。俗语"上天言好事，下界保平安"，说的就是人们对灶神的某种期待。

灶神的形成有一个历史过程。最初的灶神，不是人，而是虫。这个虫，就是蟑螂。这个说法见于袁珂所编著的《中国神话大词典》。《庄子·达生》："灶有髻。"司马彪注："髻，灶神，著赤衣，状如美女。"《广雅·释虫》认为，髻是蝉。蝉，灶上有红壳虫如蝉，俗呼蟑螂，人或叫做"灶马"，四川叫做"偷油婆"。古代以此为神物。古人对灶间的蟑螂有所崇拜，以为是灶神。赤衣，就是红壳。状如美女，是对蟑螂的崇拜。

也有的学者认为，这个"髻"是个美女。她身穿红衣，状如美女，即早期的灶神是个女性。后来，灶神演变成了男性。

很早以前，就出现了男性灶神。西汉刘安著《淮南子》说："黄帝作灶，死为灶神。"黄帝时期，黄帝就曾兼任灶神。

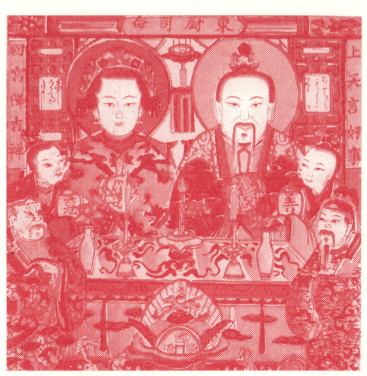

灶王爷爷和灶王奶奶年画

《淮南子》又说："炎帝于火，死而为灶。"是说炎帝以火德王天下，死后蜕变成灶神。清俞正燮著《癸巳存稿》云："灶神，古《周礼》说，颛顼有子曰犁，为祝融，汜以为神。"很早以前，人们就把祝融当作灶神来祭祀了。黄帝、炎帝和祝融，都是左右人类存亡祸福的高等神仙，把他们当作灶神来祭祀，正说明灶神地位的重要。

灶神名气最大的是张蝉（一名张单）。唐段成式著《酉阳杂俎》说："灶神名蝉，字子郭，衣黄衣。"张蝉，字子郭。男人女相，长得像个美女，爱穿黄色的衣服，披散着头发。灶里出来，人若呼唤他的名字，就能免除凶恶灾害；如果不知道他的名字，见到他就会死去。灶神于壬子日亡故，不可于这一天修理锅灶。五月辰日，须用猪头祭祀。鸡毛入锅灶，会招致大祸；犬骨入灶，会生下狂子。这些都是迷信。

农村祭奠灶神的仪式是很讲究的。农历腊月二十三日，俗称小年。是晚，各村各户，无不祭祀灶神，名曰祭灶。祭时，用香五根，黄表纸三张，小蜡一对；祭灶烧饼二枚，名曰灶火烧；麦芽糖一块，名曰灶糖；雄鸡一只，名曰灶马童；细草少许，粮食五种，清水一杯，谓之马草，用以饲灶马者；预备新灶神一张，张贴灶前，谓之换新衣；随带黄纸马二张，约方寸许，名曰灶马。灶马一张黏在灶神额上，意为迎灶神回宫之马，于元旦黎明焚化；另一张，即于当日随香表焚化，意为送灶神升天之马。

主祭之人必为家长。礼拜时，身后跪一幼童，双手抱一雄鸡，家长叩头毕，向灶神祷祝数语。祝毕，一手握鸡之顶，将鸡头向草料内推送三次，一手将凉水向鸡头倾洒，鸡若惊栗，便谓灶神将马领受。祭毕晚餐，食时豆腐汤为最不可少之物，并食祭灶神时之灶火烧。谓之过小年节。

有些地方的祭灶风俗，分两天举行。二十三日夜祭荤灶，鸡、鸭、鱼、肉、美酒佳肴，唯恐灶爷不喝个烂醉；二十四日晚上祭素灶，用的是水果、花生、瓜子、金针菇、香菇、木耳、百合以及点心等供品。各地情况不同，但都少不了糖瓜，即用麦芽糖粘住灶王爷的嘴，他就不能说别人的坏话了。为什么要分两天进行呢？不难理解，头一天是贿赂，怕灶神到天廷拨弄是非；第二天是怕灶神贪馋，带醉上天胡言乱语。

　　少数民族地区的祭灶，更有特点。广西环江壮族为祈求不生眼病和疥疮，每年农历正月初一至十五日四祭灶神，叫"灶王祭"。分大祭和小祭：大祭三年至五年一次，小祭每年一次。大祭以小猪一头、公鸡一只为祭品，并请巫师祈神；小祭仅用公鸡一只、猪肉一斤，不请巫师，各家自祭。无论大祭或小祭，妇女都要离开家里。传说妇女在家，灶王不敢出来领祭。

　　旧时北京的祭灶风俗，由下面这首俗曲就可以看出来了。俗曲道："腊月二十三，呀呀哟，家家祭灶，送神上天，祭的是人间善恶言。一张方桌搁在灶前，牵张元宝挂在西边。滚茶凉水，草料俱全。糖果子糖饼子，荤素两盘。当家人跪倒，手举着香烟，一不求富贵，二不求吃穿，好事替我多说，恶事替我隐瞒。"

床神分公母

61

床神是中国民间礼拜的吉祥神。床神最初也是个概念神，不是形象神。人们礼拜的是他自己心中的抽象概念，而不是客观的具体形象。由于人们一生在床上待得时间很长，男女之欢，养儿育女，全离不开床，所以对床就产生了一种敬畏的心理。

床神有床公床母之分。据说，床公喜茶，床母好酒。祭祀时，要分别对待。民间祭祀床神，大体有三个目的：一是保佑小孩平安；二是保佑全家安寝；三是保佑夫妻和美。

先说保佑小孩平安。妇女生孩子，小孩出麻疹，都要祭拜床神。小孩生下第三天，用糕点祭拜床神，叫"洗三"。七夕也是女儿节。从前的传说中，树有树神，床有床神。床神是儿童的保护神。通常有小孩的家庭，在孩子十六岁以前都要拜床母。尤其是女孩子在七夕的时候，要拜床母。这样就会有一双巧手，会做许多巧事。

次说保佑全家安寝。民间有供奉茶酒于卧室的习俗，以祈求床神保佑终年安寝。祭拜床神大多在年底，也有在阴历每月初一、十五祭拜的。平时的祭拜，床神要求不高，不用大鱼大肉，瓜果糕点亦可，甚至在一个碗里插上一炷香也行。看来，床神是好说话的。

三说保佑夫妻和美。旧时，新人入洞房时，都要祭拜床神。祭拜时，也有一套仪式。目的是祈求床神保佑夫妻和美，子孙满堂，族属兴旺。祭拜床神之俗，南方比北方盛行，至近代已逐渐衰微。

床神贴纸

祭祀床神的风俗在宋代已十分流行。宋杨循吉《除夜杂咏》诗曰："买糖迎灶帝，酌水祀床公。"给灶神买糖果，给床神上茶水，这正是当时民俗的写照。祭床神不仅民间流行，也逐渐传入皇宫内廷。宋曾三异在《同话录》中记载，翰林崔大雅夜晚在翰林院值班，突然宫内皇上降旨，让他马上写一篇《祭床婆子文》。崔大雅不知所以，"惘然不知格式"，不知道这种祭文的格式。他连夜赶到周丞相家讨教，周丞相很老练，急忙告诉他，可以套用民间的格式来写。你这样写：皇帝遣某人致祭于床婆子之神曰，汝司床簀，云云。崔大雅如释重负，赶紧起草了事。

床公床母一般没有塑像和画像。后来，出现了一种纸质的床神，如剪纸模样，一男一女，构图简单，剪裁方便，好像就是人们私下剪裁的。将这种纸质床神贴在床上，就可以保佑平安了。

随着时间的推移，床神也有了自己的供奉对象。一般有二说：一说是真君和元君；一说是周文王夫妇。

关于真君和元君说。北京朝阳门外东岳庙，正院的西配殿叫广嗣殿。里面供奉的都是送子娘娘和子孙爷，主神叫九天监生明素真君和九天卫房圣母元君。这男女二神，据说就是床公床母。一个是真君，一个是元君，官都不小。

关于周文王夫妇说。周文王叫姬昌，为周族首领五十年，是西周王朝的奠定者。他活了九十七岁。明许仲琳著《封神演义》第十四回说，姬昌本有九十九个儿子，后又于燕山收养了雷震子，凑成百子之数。所以民间传说周文王夫妇生有百子，他俩成了"多子多福"的楷模，自然受到世俗祈求多子者的顶礼膜拜。

土地庙里土地爷爷和土地奶奶

土地神，民间俗称土地爷、土地公。其老伴，则俗称土地婆、土地奶奶。道教神仙中，土地的级别最低，权力最小。但由于土地爷和土地婆离人间最近，最接地气，所以颇得百姓尊敬和信奉。

人类敬仰天空，同样崇拜大地。古人崇拜大地的形式很多，其中最正式最庄严的应数社稷。社稷，社代表土地；稷代表谷物，它们是最为农业社会所重视的。古代帝王，每年春秋，都要祭祀社稷。清乾隆皇帝每年农历二月和八月，都要遣官或亲自前往社稷坛祭祀。祭祀前，乾隆皇帝一定要斋戒三日，以示隆重。

我们还知道一个词——神祇。这里的神，指的是天神；祇，指的是地神。东汉许慎著《说文解字》解释："祇，地祇，提出万物者也。"地神是提供和出产万物的神仙，可见其对人类的重要性。

很多中国古代的土地爷都是当地名人。最早的土地爷是汉朝的秣陵尉蒋子文，他是秣陵（南京）的土地爷，后来还成为十殿阎罗第一殿秦广王。北宋文学家韩愈是北京的土地爷。唐朝的书法家、草圣张旭是江苏常熟的土地爷。北宋文学家苏轼是浙江杭州的土地爷。南宋时期的抗金英雄岳飞则被尊为临安（今杭州）的土地爷。

绝大多数土地爷和土地婆的形象是很亲民的，一般就是普通老头老太太的打扮，并无过分的装饰和法器。他们的土地庙也很简单，甚至可以说是简陋，好点的有间房子；差些

土地爷爷和土地奶奶像

的就是几块砖头垒的小台子；有的甚至干脆用一块破木板，就把土地爷打发了。当然，土地爷来自民间，知道当地疾苦，也不会错怪百姓。

不过，有些地方的土地庙可以称得上是豪宅了。在中国台湾，土地被称作福德老爷、福德正神。这位老爷一身财主打扮，身穿绫罗锦缎，左手持金元宝，右手拿碧玉如意或拐杖。他们住的地方更是金碧辉煌。在台湾台中市的水景福隆宫里面，就住着这样一位福德老爷。你看他不仅住的地方豪华舒适，而且头上竟然戴着金冠。

难道做土地爷也要学会投胎这个技术活？

城隍庙里城隍神

城隍即城神，是古代神话中城池的守护神，后来为道教所信奉。城隍神最早的雏形，是水庸神。据《周礼》记载，蜡祭八神之一，就有水庸神。水庸，即水沟。对此，清赵翼著《陔余丛考》卷十五说："水则隍，庸则城也。"这就证实了水庸神是最早的城隍神的说法。

古代的国家，一般都是城市国家。城墙对一个国家的安全十分重要。当然，仅有城墙，还是不够的。城墙之外，必须有护城壕。护城壕里，还必须蓄满池水。因此，城隍神就具有了保家卫国的特殊意义。有了城隍神的保佑，城池就可以固若金汤。对城隍神的崇拜，也就顺理成章了。

各地的城隍基本都是当地的名人。西汉大将纪信因其忠心耿耿，被奉为郑州城隍；上海有三大城隍，即老城隍西汉政治家霍光、二城隍明太祖时期的侍读学士秦裕伯、新城隍清代江南提督陈化成；浙江杭州的城隍是南宋民族英雄文天祥；江苏苏州的城隍是春秋战国时期的政治家春申君。

城隍是有等级的。明代，城隍被分为五个等级，即第一等京师城隍，封福明灵王；第二等都城隍，封明灵公，掌管省；第三等府城隍，封威灵公，掌管府；第四等州城隍，封灵佑侯，掌管州；第五等县城隍，封显佑伯，掌管县。城隍下辖三司，即阴阳司、速报司、纠察司。其他属下还有文武判官、范谢将军、牛马将军、甘柳将军、韩卢将军、日夜游神、枷锁将军等。

今天西安的城隍庙就是明太祖朱元璋洪武年间修建的。

它雄伟壮丽，蔚为大观，呈一时之盛。大殿正中是城隍神，两旁分列判官、牛头、马面、黑白无常等鬼卒，面目狰狞，阴森恐怖，展现了阴间的一角。

64

船神孟公孟姥

船神是江河湖海船舶航行的保护神。河神亦称船神。

据说，中国古代的船神有两位，是孟公、孟姥。孟姥又叫孟婆。还有人记载，船神叫冯耳。大概在不同的时代、不同的地点，船神也各有不同，如番禺和周雄亦是传说中的船神。

唐朝人记载："船神呼为孟公、孟姥，其来尚矣。"尚是时间久远之意。这是说，船神称为孟公、孟姥，这个称呼

船神孟公、番禺、周雄

时间很久远了。有的记载："下船三拜三呼其名，除百忌。又呼为孟公、孟姥。"航行前，船员要举行简单的仪式。要三拜三呼，高呼船神孟公、孟姥的名字，以求得船神的保佑。可见，船神在船员心目中的重要地位。还有的记载："南方除夜将发船，皆杀鸡、择骨为占卜吉凶，以肉祀船神，呼为孟翁、孟姥。"出航之前，船员要杀鸡择骨，用好肉祭祀船神，并高呼船神的名字，求得保佑。

在造船技术和航海技艺落后的时代，船员把航行的平安寄托于船神，是非常正常的现象。因此，船神便应运而生。从某种意义上说，船神承载着船家的命运和期望。船神在很大程度上，是船家最大的精神支柱。

65

童神项橐

童神项橐（tuó），又名项托。传说春秋时期鲁国的一位神童，是儿童的榜样神。他只有七岁，孔子却把他当作老师一般请教，后世尊项橐为圣公。

孔子以项橐为师，这种说法最早见于《战国策·秦策五》，内中只是说道"生七岁而为孔子师"，具体情况则语焉不详。

关于至圣先师孔子和神童项橐的故事，经历代文人的增饰，到隋唐时出现了一篇有趣的文章，叫《孔子项托（项橐）相问书》。此文分为两大部分，前半部分是散文式的对话，约一千六百字；后半部分是七言古体诗，共五十六句。全文大约二千余字，极具童趣。这篇文章充分表现了神童项橐的灵活机敏，读之令人叫绝。文中最吸引人的是孔子和项橐的反复问答，充满玄机，饶有趣味。

一天，孔子乘着一辆马车周游列国。来到一个地方，见有一孩子用土围成了一座"城"，坐在里面。

孔子温和地问："孩子，你看见马车为什么不躲开呀？"

那孩子眨了眨眼睛回答："听说您孔老先生上晓天文，下知地理，中通人情。可是，自古到今，只听说车子躲避城池，哪有城池躲避车子的道理呢？"

孔子当时无言以对，于是，让马车躲开城，向另外一条道路走去。

孔子好奇地问道："你叫什么名字呀？"

孩子天真地答道："我叫项橐。"

孔子想试一试孩子的智力，就同孩子玩起了智力游戏。

孔子巧妙地问道："你知道吗？什么山上没有石头？什么水里没有鱼儿？什么门没有门闩？什么车没有轮子？什么牛

不生犊儿？什么马不产驹儿？什么刀没有环？什么火没有烟？什么男人没有妻子？什么女人没有丈夫？什么天太短？什么天太长？什么树没有树枝？什么城里没有官员？什么人没有别名？"

问完，孔子狡黠地盯着项橐露出微笑，等待项橐的回答。

项橐略微想了想，便朗朗地答道："您听着——土山上没有石头，井水中没有鱼儿，无门扇的门没有门闩，用人抬的轿子没有轮子，泥牛不生犊儿，木马不产驹儿，砍刀上没有环，萤火虫的火没有烟，神仙没有妻子，仙女没有丈夫，冬天白日里短，夏天白日里长，枯死的树木没有树枝，空城里没有官员，小孩子没有别名。"

孔子大惊，这孩子竟智慧过人！

项橐这时不容孔子多想，反问他说："现在轮到我考您了——鹅和鸭为什么能浮在水面上？鸿雁和仙鹤为什么善于鸣叫？松柏为什么冬夏常青？"

孔子胸有成竹，沉静地慢慢答道："鹅和鸭能浮在水面上，是因为脚是方的；鸿雁和仙鹤善于鸣叫，是因为它们的脖子长；松柏冬夏常青，是因为它们的树心坚实。"

"不对！"项橐大声说，"龟鳖能浮在水面上，难道是因为它们的脚方吗？鸿雁和仙鹤善于鸣叫，难道是因为它们的脖子长吗？胡竹冬夏常青，难道是因为它们的茎心坚实吗？"

孔子看着思维敏捷的项橐，喜欢上了这个孩子。

为了考验一下项橐的人品，孔子故意试探地问道："吾车中有双陆局，共汝博戏如何？"项橐机智地答道："吾不博戏也。天子好博，风雨无期；诸侯好博，国事不治；吏人好博，文案稽迟；农人好博，耕种失时；学生好博，忘读诗书；小儿好博，笞挞及之。此是无益之事，何用学之！"

孔子十分震惊，觉得这孩子不仅知识丰富，而且品德高尚，感到这是个可塑之才，遂

66

护法天神韦驮

拱手说道："后生可畏，后生可畏！"驾着车依依不舍地绕道走了。

《孔子项托相问书》问世以来，深受百姓喜爱，民间广为流传。仅在敦煌遗书中就发现了汉文抄卷十三个，都是唐末五代时的写本。难能可贵的是，在敦煌遗书中，还发现了三个藏文抄本。这足以证明此文已经流传到了藏文地区。

项橐难倒孔子，这是不大可能的事。但是，撰写这样一个看似不可能的故事，意在鼓励千千万万个小儿。树立这样一个榜样，跟进的是数不清的小儿。

项橐由此成为童神。

韦驮天神，二十诸天第十二位。又叫韦琨、韦驮天，全称护法韦驮尊天菩萨。韦驮天梵名作"私建陀提婆"，直译"阴天"。他是佛教中的护法天神，南方增长天王的八大神将之一，居四天王三十二神将之首。农历六月初三，是韦驮菩萨圣诞。

韦驮天神从何而来呢？传说，他是印度教湿婆与雪山神女的儿子室建陀。室建陀的出生还有一段故事。

恶魔阿修罗王向梵天许愿，希望百战百胜，天下无敌。梵天说："除了湿婆的儿子，你天下无敌。"恶魔阿修罗王听了非常高兴。因为此时湿婆的夫人已经死了，而湿婆也没有儿子。恶魔阿修罗王开始向其他天界进攻，无人能够抵挡。众神向梵天求助，梵天说："我已经给了阿修罗王祝福，只有湿婆的儿子能够打败他。"

雪山神女是湿婆夫人转世。雪山神女为了感动湿婆，加倍修行。湿婆被打动，经过一番考验后，湿婆与雪山神女结为夫妻。不久，两人生下室建陀。室建陀指挥帝释天尊的神仙队伍，将恶魔阿修罗王打败，天界重新恢复了平静。室建陀也因此成为天兵元帅。室建陀在汉传佛教中就是韦驮天神。

韦驮天神在中国寺庙中一般供奉于天王殿，面对着释迦牟尼佛像，威武雄壮地守卫着佛殿。传说佛祖涅槃时，有一捷疾鬼盗取佛牙一双，韦驮天神急忙追回取还，故此声名大噪，成为护法神将。其实，据唐慧立、彦悰著《大慈恩寺三藏法师传》记载，释迦牟尼欲涅槃时，曾命弟子韦驮天神保护南赡部洲传播佛法。

汉化了的韦驮天神造像，英俊威武，面目清秀，身披甲胄，手持金刚。是二十诸天中第十二天。很多寺庙里，满面欢笑的弥勒佛身后的隔板背面，都会有一个威风凛凛的韦驮天神。为什么这两个传奇的人物背靠背地同在一个天王殿里呢？传说弥勒佛和韦驮天神原来分别是两个庙的当家和尚。弥勒佛笑口常开，热情好客，他的庙里香火鼎盛。韦驮天神恰恰相反，一天到晚板着脸，香客不敢进庙，因此他的庙冷冷清清。后来如来佛就让他俩共管庙宇，取长补短，将佛寺管理得井井有条。

中国佛教寺院中的韦驮天神形象，大多为身着甲胄的武将模样。体格魁伟，面貌俊朗，身佩刚杵，双手合十。山西省平遥县双林寺千佛殿造像之一的明代彩塑韦驮，高 1.76 米。此像全身盔甲，雕法极其精致，人体适度夸张，是现存的古代彩塑韦驮天神中最杰出的一尊。

67

捉鬼钟馗

古代神话人物，民间信仰的驱除邪魔的神仙。历史上本无其人，钟馗的生平事迹全都是人们虚构的。

据说，他的父亲叫钟惠，母亲谭氏。一日，谭氏梦见金甲神人手捧红日，红日被谭氏吞入腹中，从此怀有身孕。怀胎足月，谭氏又梦见香烟五彩，萦绕在身。神人告诉她，小儿乃是上界武曲之星，日后必成正果。谭氏醒来就生一小儿，当时毫光闪闪，紫气腾腾，就取名钟馗。小钟馗相貌奇丑，但聪颖过人，不仅过目成诵，而且出口成章。

钟惠五十大寿时，他的好友张宪专程赶来庆贺。见钟馗文采飞扬，就把独生女儿许配给钟馗，要求钟馗入赘。玉帝天使下凡托梦钟馗，赐给他宝剑和神笔说："笔可以记录人间善恶，剑可以除掉天下邪魅。"不久之后，张宪要求钟馗到他家读书。张家的女儿名叫秀英，年方二八，生得国色天姿，诗词歌赋，无不通晓。钟馗在张宪处读书，心不外骛，口不非言，目不斜视，身不妄动。一年之后，京都会试，他没有考中。钟馗觉得功名未就，羞返故里，于是和仆人前往终南山避居苦读。秀英得知钟馗不归故里的消息后，思念成疾，旬余而死。

钟馗第二次赴试中了头名，却因面貌奇丑，被皇帝黜落。一气之下，钟馗触阶身亡。身亡之后，天帝当即派金童玉女把他接来，封他为驱魔大神。他来到阴间，要清除阴间鬼魅。阎君告诉他，阴间的鬼魅，已有许多神灵管理，没有一个游魂敢于作祟，建议他到人间捉鬼。于是，他带着宿怨，来到人间捉鬼。此后，钟馗斩了无数阳间之鬼。

另外，据北宋沈括著《补

笔谈》卷三的记载，钟馗的发迹和唐玄宗的重视有密切关系。

开元年间，唐玄宗李隆基得了重病。某一夜，他突然梦见两个鬼，一大鬼，一小鬼。小鬼长着一个牛鼻子，身穿红衣，一只脚穿鞋，另一只脚光着，鞋挂在腰上。这个小鬼，偷偷地盗走了杨贵妃的紫香囊及自己的玉笛，绕到殿上来耍玩。唐玄宗见了大怒，正想呼叫武士，忽然见到一大鬼。这个大鬼，头顶破帽，身着蓝袍，腰系角带，袒露一臂，一下捉住小鬼。大鬼剜掉小鬼的双眼，扔到嘴里吃了。然后，又把小鬼撕成两半，吃了。李隆基忙问他是何人，他回答说："我是终南山进士钟馗。因武德年间应举不第，羞归故里，触阶而死。我现在是鬼王，誓为陛下除尽天下妖魔鬼怪！"

唐玄宗大梦醒来，神清气爽。于是，立马召见大画家吴道子，让他依梦中所见，画张"钟馗捉鬼图"。吴道子沉吟片刻，挥毫立就。李隆基瞪着眼睛看了半晌，说道："莫不是先生跟我一块做梦来着？画得怎么这样像！"马上重赏了吴道子，并将此画悬于后宰门，用以镇妖驱邪。由于唐玄宗的大力推崇，钟馗逐渐成为民间迷信的驱邪逐鬼的神仙。

民间还流行着"钟馗嫁妹"的喜剧传说。钟馗有个同乡好友杜平，家赀富有，乐善好施。他看到钟馗家境贫寒，就资助钟馗和自己一同进京会试。不料，钟馗因蒙羞撞阶而死，杜平遂出资将其安葬。钟馗来到阴间，做了鬼王，被杜平的种种善举所感动。于是，钟馗就亲自率领大小鬼卒，在除夕返归故里，把自己的妹妹嫁给了杜平。这段佳话，为人们津津乐道，遂成为古代小说、戏剧和绘画的抢手题材。

究其实际，钟馗是民间杜撰的一个喜剧人物。传说，钟馗其实是一根木棒，叫终葵。古书说明："齐人谓椎曰终葵。"椎（chuí），木棒。齐国人把木棒叫做终葵。终葵既然是木棒，用它来驱除鬼怪，就不足为怪了。

重庆丰都"鬼城"天子殿前左侧，有一座钟馗殿。殿中供奉的主神，就是民间传说中专门打鬼、捉鬼、斩鬼、吃鬼的鬼王钟馗。

掌管生死五道将军

五道将军是东岳大帝手下的属神，归东岳大帝管辖。五道将军在阴间掌管人间生死大事，权力很大，人间拥有不少崇拜者。

明朝著名小说家冯梦龙的世情小说《醒世恒言》，第十四卷"闹樊楼多情周胜仙"就涉及了五道将军，这是个离奇曲折的爱情故事。开酒肆的范大郎之弟范二郎，与周大郎的女儿周胜仙在茶坊邂逅，二人一见钟情，但没有定下终身。回家后，周胜仙茶饭不思，恹恹不起。王婆来给她看病，知道周胜仙得了相思病。便从中撮

钟馗像，
顺治皇帝绘

合，范大郎与周胜仙母周妈妈给二人订了婚。周胜仙父周大郎归家，听说此事，嫌弃范二郎是个开酒楼的，出身低贱，大骂周胜仙的母亲，恰被周胜仙听得。周胜仙一气之下，死绝过去，周大郎也不让人来救，将周胜仙装殓了埋葬。

有个偷坟盗墓的朱真，去盗周胜仙坟，不料周胜仙醒了过来。朱真将其带回家，强行奸宿。周胜仙后来找个机会逃走，到樊楼找到范二郎。范二郎以为遇见了鬼，拿起汤桶向周胜仙砸去，周胜仙真被打死。范二郎被抓入狱。

夜晚，范二郎睡去，梦见周胜仙浓妆而至，二人枕席之间，欢情无限。一连三夜，缠绵悱恻，周胜仙临去时道："奴寿阳未绝。今被五道将军收用。奴一心只忆着官人，泣诉其情。蒙五道将军可怜，给假三日，如今期限满了，若再迟延，必遭呵斥。奴从此与官人永别。官人之事，奴已拜求五道将军。一月之后，必然无

事。"从此，真的永别了。

后盗墓的朱真，案发被抓。当案的薛孔目，初拟朱真劫坟当斩，范二郎免死，刺配牢城营。还未曾呈案，其夜梦见一神如五道将军之状，怒责薛孔目曰："范二郎有何罪过？拟他刺配，快与他出脱了！"薛孔目醒来，大惊，即改拟范二郎是打鬼，与人命不同，无罪释放。

范二郎欢天喜地回了家。后来娶了妻，但始终不忘周胜仙之情。也感谢五道将军，岁时到五道将军庙中烧纸祭奠。

这里的五道将军，给了周胜仙三天的阳寿，满足了她对爱情的部分追求。同时，命令薛孔目做了正确的改判。看起来，五道将军很有同情心。他能帮助弱者，开释无辜，是个具有正义感的冥神。在阳间胥吏心目中，五道将军也很有权威，他的命令不得不从。

这个小说描写到了五道将军，说明在当时五道将军已经参与人们的日常生活了。

69

佛祖弟子十八罗汉

十八罗汉，原本只是十六罗汉。他们是释迦牟尼佛的十六位弟子，历史上实有其人。据说，他们受到释迦牟尼佛的嘱托，不入涅槃，长住世间，弘扬佛法。

五代时贯休和尚所绘的《十六罗汉图》。另外北宋文学家苏轼曾给贯休《十六罗汉图》各配有赞诗一首。

第一位是宾度罗跋罗度阇尊者：出身婆罗门贵族，原来是拘舍弥城优填王手下大臣。他的长相奇特，"眉长数寸，发白如霜"，俗称长眉罗汉。中国禅林食堂常常供其像，唐玄奘译《法住记》说他住在西瞿陀尼洲。苏轼赞诗曰：白氎在膝，贝多在中，目视超然，忘经与人，面颜百皱，不受刀箭，无心扫除，留此残雪。

第二位是迦诺迦伐蹉尊者：他是知道一切善恶法的声闻弟子，住在北方迦湿弥罗国。苏轼赞诗曰：耆年何老，粲然复少，我知其心，佛不妄笑。嗔喜虽幻，笑则非嗔，施此无忧，与无量人。

第三位是迦诺迦跋厘堕阇尊者：住在东胜神洲。苏轼赞诗曰：扬眉注目，拊膝横拂，问此大士，为言为默，默如雷电，言如墙壁，非言非默，百祖是式。

第四位是苏频陀尊者：住在北俱卢洲。苏轼赞诗曰：聘耳垂肩，绮眉覆观，佛在世时，见此耆年，开口诵经，四十余齿，时闻雷雹，出一弹指。

第五位是诺矩罗尊者：住在南瞻部洲。苏轼赞诗曰：善心为男，其室宝喜，背痒孰爬，有木童子，高下适当，轻重得宜，使真童子，能知兹乎。

第六位是跋陀罗尊者：是佛祖的侍者，主管洗浴事，故有些禅林浴室供他的像。唐玄奘译《法住记》说他住在耽没罗洲。苏轼赞诗曰：美狼恶婉，自昔所闻，不圆其辅，有圆者存，现亦报相，代众生报，使诸佛子，具佛相好。

第七位是迦理迦尊者：是佛祖的一般侍者，住在僧伽荼洲。苏轼赞诗曰：佛子三毛，发眉与须，既去其二，一则有余，因以示众，物无两遂，既得无生，则无生死。

第八位是伐阇罗弗多罗尊者：意为金刚子，住在钵刺孥洲。苏轼赞诗曰：两眼方用，两手自寂，用者注经，寂者寄膝，二法相忘，亦不相损，是四句偈，在我指端。

第九位是戍博迦尊者：有"贱民""男根断者"之义，住在香醉山中。苏轼赞诗曰：一劫七日，刹那三世，何念之勤，屈指默计，屈者已住，信者未然，孰能住此，屈信之间。

第十位是半托迦尊者：意思是"路边生"，原来这个罗汉是个私生子。他弟弟也是个"路边生"，所以他该叫"大路边生"。据说。他们的母亲是大富长者之女，与家奴私通，逃避他国，久而有孕，临产归来，在途中生二子。后来，兄弟二人，均出家成为罗汉。苏轼赞诗曰：垂头没肩，俯目注视，不知有经，而况字义，佛子云何，饱食昼眠，勤苦用功，诸佛亦然。

第十一位是罗睺罗尊者：意译"障月""执月"。他是佛祖唯一的一个儿子。据说，佛祖出家之夜，其俗时的妻子怀孕。六年后，佛祖成道之夜月食时，罗睺罗尊者降生。他出家后成为佛祖的十大弟子之一，号称"密行第一"。住在毕利飏瞿洲。苏轼赞诗曰：面门月圆，瞳子电烂，示和猛容，作威喜观，龙象之势，鱼鸟所惊，以是幻身，为护法城。

第十二位是那伽犀那尊者：意译"龙军"，习称"那先比丘"，生于佛祖灭后，七岁出家。住在广半度波山。苏轼赞诗曰：以恶辘物，如火自热，以信入佛，如水自湿，垂肩捧手，为谁虔敬，大师无德，水火无功。

第十三位是因揭陀尊者：住在广胁山中。苏轼赞诗曰：捧经持珠，杖则倚肩，植杖而起，经珠乃闲，不行不立，不坐不卧，问师此时，经杖何在？

第十四位是伐那婆斯尊者：住在可住山中。苏轼赞诗曰：心如死灰，形如槁木，神妙万物，苍岩骨肉，铁磬谁鸣，容谷传声，呼之不闻，不呼眼睁。

第十五位是阿氏多尊者：住在鹫峰山中。苏轼赞诗曰：劳我者皙，休我者黔，如宴如岳，鲜不辟淫，是哀骀它，澹台灭明，名妍于心，得法眼正。

第十六位是注荼半托迦尊者：他是第十位半托迦尊者的弟弟注荼半托迦尊者，即"小路边生"，他哥哥聪明而他愚钝。苏轼赞诗曰：以口说法，法不可说，以手示人，手去法

灭，生灭之中，自然真常，是故我法，不离色声。

第十七位是迦叶尊者：俗称降龙罗汉，此乃清乾隆皇帝钦定。

第十八位是弥勒尊者：俗称伏虎罗汉，此乃清乾隆皇帝钦定。

十八罗汉是怎么来的呢？唐玄奘大师西行取经时带回的《大阿罗汉难提密多罗所说法住记》(下称《法住记》)说，庆友尊者即"难提密多罗"在涅槃时，将住世十六大阿罗汉的名号告知大众，十六罗汉即被广泛弘传。世人为十六罗汉造像时，出于尊敬，将庆友尊者和玄奘大师加进去，于是十六罗汉就演变成十八罗汉，只是两位添加罗汉的名号时有变化，直到清乾隆年间，由皇帝钦定为降龙和伏虎两罗汉，十八罗汉的名号在中土才基本确定下来。

佛教护法天龙八部

天龙八部是指天众、龙众、夜叉、阿修罗、迦楼罗、乾闼婆、紧那罗、摩呼罗迦八类佛教的护法神。部，这里是门类、类别之意。八部，是八个类别。天龙八部因以天众和龙众为首，故称天龙八部。天龙八部又称龙神八部、八部众。

一、天众。天，就是天神；天众，就是天这一类的众神，即众天神。护法二十诸天的大梵天、帝释天、四大天王、韦驮、阎王等即是。帝释天是众天神的领袖。二十诸天的地位崇隆，经常被供奉在佛寺大雄宝殿的两侧。如杭州灵隐寺、北京大慧寺、普陀山慧济寺等，都严格地依此遵行。

二、龙众。龙，是指神龙；龙众，就是众神龙。佛经上说有无数龙王，专管兴云降雨。佛经中的龙，和我国传说中的龙的形象大致差不多，不过没有脚。事实上，中国人对龙和龙王的观念，主要是从佛经中来的。众龙王中娑竭罗龙王最出名，因它的女儿就是后来成佛的龙女。

三、夜叉。又译为药叉，是佛经中的一种鬼神。夜叉的本义是能吃鬼的神，又有敏捷、勇健、轻灵、秘密等意思。夜叉的种类多，有地夜叉、虚空夜叉、飞行夜叉，还有巡海夜叉等；夜叉的数量大，北方毗沙门天王手下有夜叉八大将，佛教还有十六大夜叉（药叉）将。每一位大夜叉将属下各有七千小夜叉，合起来就有十一万余个夜叉。

在佛经中，夜叉的基本形象是好的。夜叉八大将的任务是维护众生界，是好夜叉。地狱迷信流传以后，夜叉又以阴间小鬼的身份，充当起地狱中施行刑法的鬼卒。夜叉神的形象在佛教寺院里和石窟造像中可以经常看到。北京法源寺毗卢殿中，顶天立地的千佛雕像及其上的五方佛安置在一个巨大的石制须弥座上，石座四面雕刻有张牙舞爪的鬼形托扛力士之像，这些小神就是夜叉神。而在云冈石窟中所凿之塔的最下层，有怒发上冲、突眼暴腮的类似鬼形的托扛人像，塔的每一层中有两个作守护状的武士神像；有些窟室大门的两侧，雕有手持三股叉的阴森的力士护卫神像，这些都是夜叉造像。河北省正定县隆兴寺集庆阁内地藏菩萨须弥座四周，亦有惟妙惟肖的夜叉雕像，令人百看不厌。需要多说一句的是，古印度的母夜叉形象都是年轻貌美、身材火辣的

北京大慧寺部分天众彩塑

女性。她们进入汉传佛教后，不知为何，变成了张牙舞爪、丑陋不堪的母夜叉。

四、阿修罗。 梵语，意译"不端正"，有容貌丑陋之意。在古代印度神话中，阿修罗最初是主管道德和社会的神族。汉传佛教中弥勒菩萨的原型就是古印度最著名的神密特拉。后来，阿修罗被演绎成一个恶神，男的是著名丑男，女的是绝色佳人。阿修罗王常常和帝释天战斗，因阿修罗有美女而无美食，而帝释天有美食而无美女，相互妒忌抢夺，互相杀伐。人们把他们争战的尸横遍野的战场叫"修罗场"。佛教将这个恶神收为正义的护法神。

五、乾闼婆。 婆罗门教崇拜的一群神，是服侍帝释天的乐神之一，身上发出浓郁的香气。但须说明的是，乾闼婆是男性神。其状貌说法不一：有的说是卷发，手执光辉的武器；有的说身上多毛，半人半兽；有的说风采很美。乾闼婆是一种不吃酒肉、只寻香气以为滋养的守护神。乾闼婆在梵语中又有"变幻莫测"的意思，魔术师也叫乾闼婆。海市蜃楼叫作"乾闼婆城"。

六、迦楼罗。 它是印度神话中的一只巨鸟，为主神毗湿奴的坐骑。汉传佛教称之为金翅鸟或金鸟神。两只翅膀生有特殊的颜色，张开有三百三十六万里。头上长有一个美丽的大瘤，是如意珠。以龙为食，可除掉毒龙，每天要吃一龙王和五百条小龙。到命终时，诸龙吐毒，无法再吃，于是上下翻飞七次，飞到金刚轮山顶上命终。因为它一生以龙（大毒蛇）为食物，体内毒气极多，临死时，毒发自焚。肉身烧去后只余一心，作纯青琉璃色。中国传统小说《西游记》等，认为迦楼罗是大鹏金翅鸟转世。泰国国徽使用的就是人身鸟翅的迦楼罗造型。

七、紧那罗。 歌神。人身马首，或马身人首。一说是梵天的脚趾演变来的，一说是印度教众生之主迦叶波的儿子。

71

地狱法官四大判官

善于歌舞，是帝释天的歌神之一。紧那罗专门演奏规范的法乐，乾闼婆专奏民间的俗乐。紧那罗在梵语中为"人非人"之意。他的状貌和人一样，但头上生了一只角，所以称为"人非人"。

八、摩呼罗迦。大蟒神。人身而蛇头。古印度是一个信仰蛇神的国家，因此蛇也成了护法神。相对于龙众，摩呼罗迦又称地龙。香港导演徐克的电影《青蛇》有一首插曲，名字叫《莫呼洛迦》，是由台湾歌星辛晓琪演唱的，感兴趣的读者不妨找来听听。

"天龙八部"原为佛教用语，后被当代著名作家金庸用作书名。《天龙八部》这部小说里没有神道精怪，只是借用这个佛经名词，以象征大千世界之中形形色色的人物。《天龙八部》于1963年开始在《明报》及新加坡《南洋商报》同时连载，前后写了四年，完成于1966年，是金庸最著名的武侠小说之一。

四大判官是阴界仅次于十殿阎王的高级官员。他们是掌握大权的司法高官，具体掌管赏善司、罚恶司、阴律司、查察司。而查察司是掌管人间生死簿的，权力最大，居四司之首。查察司的判官为首席判官，是崔判官。

崔判官的具体情况，在明代小说家吴承恩撰写的《西游记》第十回、第十一回，有详细的记叙。话说唐太宗忽然患了重病，一病不起。在弥留之际，老臣魏征出现了。他手扯龙衣，奏道："陛下宽心，臣有一计，管保陛下长生。"太宗道："病势已入膏肓，命将危矣，如何保得？"征云："臣有书一封，进与陛下，捎去到冥司，付丰都判官崔珏（jué）。"太宗道："崔珏是谁？"征云："崔珏乃是太上先皇帝驾前之臣，先受兹州令，后升礼部侍郎。在日与臣八拜为交，相知甚厚。他如今已死，现在阴司做掌生死文簿的丰都判官，梦中常与臣相会。此去若将此书付与他，他念微臣薄分，必然放陛下回来。管教魂魄还阳世，定取龙颜转帝都。"太宗闻言，接在手中，笼入袖里，遂瞑目而亡。

却说太宗渺渺茫茫，魂灵缥缈而去。有一人高声大叫道："大唐皇帝，往这里来，往这里来！"太宗闻言，抬头观看，只见那人：

头顶乌纱飘软带，腰围犀角显金厢。手擎牙笏凝祥霭，身着罗袍隐瑞光。脚踏一双粉底靴，登云促雾；怀揣一本生死簿，注定存亡。鬓发蓬松飘耳上，胡须飞舞绕腮旁。昔日曾为唐国相，如今掌案侍阎王。

这种打扮，活像一个跳梁小丑。唐太宗看到的正是如此打扮的阴界首席判官崔珏。

于是，唐太宗和崔珏接上了头，并把魏征的介绍信当面交给了崔珏。崔珏读完信后，说道："今日既有书来，陛下宽心，微臣管送陛下还阳，重登玉阙。"表示一定帮忙，让唐太宗重回阳间，再登大位。看起来，这个后门是走对了。

后来十殿阎王会审唐太宗。十王命掌生死簿判官："急取簿子来，看陛下阳寿天禄该有几何？"崔判官急转司房，将天下万国国王天禄总簿逐一检阅。只见南赡部洲大唐太宗皇帝注定贞观一十三年，崔判官吃了一惊，急取浓墨大笔，将"一"字上添了两画，却将簿子呈上。十王从头看时，见太宗名下注定三十三年，阎王惊问："陛下登基多少年了？"太宗道："朕即位，今一十三年了。"阎王道："陛下宽心勿虑，还有二十年阳寿。此一来已是对案明白，请返本还阳。"太宗闻言，躬身称谢。十阎王差崔判官、朱太尉二人，送太宗还魂。唐太宗千恩万谢，表示要给十王送南瓜。就这样，唐太宗又回到了阳间，并坐了二十年皇位。

从这里不难看出，首席判官崔珏拥有掌握生死的大权，甚至连皇帝的生死也在他的掌握之中。但是，崔珏的劣根性也暴露无遗，他并不是一个公正的判官。这说明阴界也是没有公平可言的。

其实，崔珏的生平有一个更加可信的记载，就是《三教源流搜神大全》对崔珏的详尽介绍。崔珏，字子玉，祁州鼓城人（今河北晋县）。父亲崔让五十岁时还没有后代，便与妻子商量说："我平日常存济物之心，今何无嗣？不如与你共发虔诚，到北岳去祈祷。"于是二人同到北岳祠下祈子。当夜，夫妻梦一仙童手擎一盒，说："帝赐盒中之物，命你们夫妻吞之。"打开一看，盒中有美玉两块，二人各吞其一，自后有娠，并于隋炀帝大业三年（公元607）六月六日降生一子，神采秀美，异于常人。因其父母曾梦各吞一玉，故取名"珏"（"珏"为合在一起的两块玉），字子玉。

崔府君像，《新刻出像增补搜神记》，
明金陵唐氏富春堂刊本，明万历元年，1573 年

72

佛祖卫士哼哈二将

崔珏幼而向学，凡事过人。唐太宗贞观年间，被朝廷召用，任潞州长子县（今属山西省）县令、磁州滏阳县（今河北磁县）县令。崔珏为官正直无私，洞察秋毫，郡人皆言其"昼理阳间，夜断阴府"。崔珏任卫州卫县（今河南淇县东北）县令时，夏天洪水泛滥，淹没农田。崔珏于河上设坛，以词奏于上帝。少顷，有一蛇浮于水面而死，洪水随即退去。郡人争立生祠纪念他。

崔珏的死具有神秘色彩。一天，崔珏正与一老人下棋，忽有几个黄衣使者执符前来拜见，说"奉上帝命"云云。接着，又有五岳卫兵等百余人皆来叩拜，复有一神骑白马至。崔珏说："你们稍等一会儿。"于是，招呼二子说道："我就要离开人世，你们不必难过。"然后，写了一篇百字铭，送给两个儿子，便去世了。享年六十四岁。

从这里看，崔珏是一个俊美男子，不是一个跳梁小丑。

哼哈二将本是指佛国的金刚力士。金刚力士，就是手执金刚杵在佛国从事护法工作的卫士。传说是由密迹金刚分身而来。密迹金刚，又叫金刚密迹、密迹力士，是手持金刚杵给佛担任警卫的夜叉神的卫士长。

传说密迹金刚的出身不凡，乃显赫的法意太子。他为有机会亲近佛祖，便发誓要皈依佛门，当个金刚力士。后来，他果然如愿以偿，当上了密迹金刚。再后来，他又将自身一分为二，分化成两个金刚力士，专门把守佛寺的山门，成为哼哈二将，为佛教护法神。佛教寺院门口，常能见到他们拱卫于两侧，相向而立。他们一哼一哈，身披重甲，体魄雄伟，面目狰狞，令人怵目惊心，诚惶诚恐。两位门神的主要区别在于开口闭口之间。

还有一说，认为他们是佛教中的一对仁王，一名密迹金刚，一名那罗延天。那罗延天，亦称那罗延，起源于印度教。他在印度教中可不是看门的小神，而是毗湿奴的化身，甚至有时还是梵天的化身。毗湿奴派经典《龟往世书》认为那罗延就是毗湿奴，是该派的最高神。在古印度史诗《摩诃婆罗多》中，大英雄那罗（阿周那）是那罗延的朋友。那罗延经常为那罗出谋划策。如此高大上的神为何会沦落为汉传佛教里的看门神呢？目前尚无解释。

哼哈二将是中国佛教的创造。明朝小说家许仲琳所著的《封神演义》的风行，令哼哈二将家喻户晓。小说里的哼将叫郑伦，哈将叫陈奇。他们都身怀奇术。郑伦本是殷纣王朝的大将，曾在西昆仑度厄真人门下为徒。学会运用窍中二气，拿鼻孔一哼，声震山岳，顿时喷出两道白光，能摄人魂魄。周武王伐纣时，郑伦与周兵对阵，常用此法取胜。后来郑伦被周兵所获，降了周朝，当上了三运总督官。陈奇是殷纣王朝的督粮上将军。他曾受异人秘传，在肚皮里炼成一股黄气，与人争斗，张口一哈，黄雾弥漫，声如雷滚，见之者魂飞魄散。凭着这套本事，他常常打败周兵。有一次，陈奇与郑伦彼此在阵上一哼一哈，只搅得天昏地暗，日月无光。

《封神演义》第七十四回"哼哈二将显神通"，描写了他们之间的一场恶战。郑伦上了金睛兽，提降魔杵，领本部三千乌鸦兵出营来。见陈奇也是金睛兽，提荡魔杵，也有一队人马，俱穿黄号色，也拿着挠钩套索。郑伦心下疑惑，乃至军前大呼曰："来者何人？"陈奇曰："吾乃督粮上将军陈奇是也。你乃何人？"郑伦曰：

"吾乃三运总督官郑伦是也。"郑伦问曰："闻你有异术，今日特来会你。"郑伦催开金睛兽，摇手中降魔杵，劈头就打。陈奇手中荡魔杵赴面交还。二兽交加，一场大战。后来，郑伦遇到牛怪出身的金大升，大升喷出一块碗大的牛黄，一下子打中了郑伦的鼻孔，郑伦跌下马来，被一刀挥为两段。陈奇也被周营中的小将哪吒用乾坤圈打伤了胳膊，又被黄飞虎趁势一枪刺死。两个人的阴魂，都直奔封神台而去。战事结束，姜子牙封郑伦、陈奇为哼哈二将，镇守西释山门，护卫佛法。

北京戒台寺山门殿里的哼哈二将，高二丈余，体魄健壮，面目狰狞。一个张口呼哈，一个闭口怒哼。这是著名的彩塑哼哈二将造像。

哼哈二将，《封神真形图》，清代墨绘本

73

太上老君护卫青龙白虎

青龙，亦作苍龙。古代神话中的东方之神。即二十八宿中之东方七宿——角、亢、氐、房、心、尾、箕。因其组成龙像，位于东方，色青(按阴阳五行给五方配五色之说)，故称。

白虎是古代神话的西方之神。即二十八宿中之西方七宿——奎、娄、胃、昴、毕、觜(zī)、参。因其组成虎像，位于西方，色白(按阴阳五行给五方配五色之说)，故称。

所谓青龙的龙像与白虎的虎像，都是古人的附会，并不是真的就像龙、像虎。

青龙、白虎、朱雀、玄武等称谓，则是源于古人的星宿崇拜。早在战国时期，我国就有了"二十八宿"和"四象"之说。所谓"二十八宿"，是我国古代天文学家将黄道（即太阳和月亮所经天区）的恒星分为二十八个星座，称"二十八宿"。"宿"是指星的位次和集合体，即一撮星。

二十八宿以北斗（大熊星座）斗柄所指角宿为起点，由西向东排列，它们的名称与四象形成了对应关系。

青龙、白虎、朱雀（即朱鸟）、玄武，合称四方四神。《礼记·曲礼上》："行前朱鸟而后玄武，左青龙而右白虎。"孔颖达疏："朱鸟、玄武、青龙、白虎，四方宿名也。"

道教常以青龙、白虎、朱雀、玄武作护卫神，以壮威仪。太上老君就以四神为护法神。东晋葛洪著《抱朴子·杂应》描述了太上老君的护卫形象："左有十二青龙，右有二十六白虎，前有二十四朱雀，后有七十二玄武。"

四神都有名字。北宋张君房著《云笈七签》指出："左有青龙名孟章，右有白虎名监兵，前有朱雀名陵光，后有玄武名执明，建节持幢，负背钟鼓，在吾前后左右，周匝数千万重。"这里指出了四神的名字。青龙神叫孟章，白虎神叫监兵，朱雀神叫陵光，玄武神叫执明。

青龙神孟章神君，白虎神监兵神君，二位的职责是守卫道观山门，就如同佛寺山门中的哼哈二将。武当山巍峨的紫霄宫山门，一左一右矗立着青龙、白虎两尊神像。他们高大雄伟，着铠持械，威严肃穆，形神毕肖。这是元代著名宗教雕塑家刘元一派的传世佳作，十分珍贵。

74

地府鬼卒牛头马面

牛头马面是所谓阴曹地府的鬼卒。他们有着奇特的造型。牛头鬼，是牛头人身；马面鬼，是马面人身。在阴界。他们是数量最大的一群。有的佛经说，阿鼻地狱中，"狱卒数万余人，总是牛头马面"。可见，他们的数量之多了。在神魔小说、志怪笔记和妖魔戏剧中，我们总可以看到牛头马面的身影。他们有时是类似于戏剧当中的小丑一样的角色，很受观众或读者的喜爱。

牛头马面来自佛教。牛头又叫阿傍、阿防。东晋县无兰译《五苦章句经》说："狱卒名阿傍。牛头人手，两脚牛蹄，力壮排山，持钢铁叉。"可见，狱卒阿傍就是牛头鬼的雏形。至于为什么他变成了如此模样，是因为在阳间他不孝顺父母，死后就变成了牛头人身的鬼卒。这一说法，出自东晋县无兰译《佛说铁城泥犁经》。

马面又叫马头罗刹。罗刹为恶鬼，故马头罗刹即马头恶鬼。他与牛头是老搭挡，是可爱的一对。他们在阴间的地位，有如人间的衙役。如小说、戏剧中衙门里的张千、李万、董超、薛霸等。

清朝袁枚写了一个牛头马面知恩必报的有趣故事。这个故事的篇名叫《洗紫河车》，载在袁枚的笔记小说《子不语》上。

话说四川丰都县皂隶丁恺，持文书往夔州投递，须过鬼门关。至阴阳界碑下，不觉走出界外迷了路，只好放任而行。至一古庙，神像剥落，其旁牛头鬼像，蒙灰丝蛛网而立。丁恺见庙中无僧，便以袖拂去牛头身上尘网。

牛头像，《真禅内印顿证虚凝法界金刚智经》，三卷

又走二里许，见一妇人临河洗菜。离近细看，竟是亡妻。妻见之大惊，问其从何而来。丁恺相告，又询问亡妻情况。亡妻说："妾亡后，为阎罗王隶卒牛头鬼所娶。所洗者，即世上胞胎，俗名'紫河车'。洗十次者，生儿清香且贵；洗三次者，中常之人；不洗者，昏愚之人。阎王以此事分派诸牛头管领，我代夫洗之。"丁恺问妻子："可使我还阳否？"妻说："待与新夫商之。"遂邀至其家。

不久，外面敲门。丁惧，伏床下。妻开门，牛头鬼入，曰："有生人气！"妻拉出丁，叩头，告之故，代为哀求。牛头说："这个人不单因是妻之前夫才救他，实为他有德于我。我在庙中蒙灰满面，此人为我拭净，是个好人。我明日去判官处偷查生死簿，便知如何。"

次日牛头出，及暮归，高兴地贺道："已查，汝阳寿未终，明天我正好出差，送你出界。"又拿过一块腐肉，道："以此赠汝，可发大财。"解释道："此河南富人张某身上肉。张有恶行，阎王擒而钩其背于铁锥山。半夜肉溃，逃脱。现在阳间，患发背疮，千医不愈。汝往，将此肉研碎，敷之即愈，必得重酬。"丁恺拜谢，遂同出关，牛头即不见。

后丁恺至河南，果有张姓财主患背疮，照方医治痊愈，酬之五百金。

小说生动逼真地塑造了一个很有人情味的牛头鬼形象。袁枚明写阴界的鬼，实是暗衬阳界的人。他在提倡一种浓厚的人性。

现在，某些寺庙里，还可以看到牛头马面的塑像。

行

业

神

75

字神苍颉

中国神话传说中的造字神是苍颉(jié)。苍颉，一作仓颉。苍颉是神话传说中的人物，有的说是黄帝的史官，有的说是古代帝王，有的说和史皇是同一个人。

黄帝史官说。《世本·作篇》："黄帝使苍颉作书。"东汉许慎著《说文·序》云："黄帝之史仓颉，见鸟兽蹄迒(háng)之迹，知分理之可相别异也，初造书契。百工以乂，万品以察。"西汉刘安著《淮南子·本经》云："苍颉作书而天雨粟，鬼夜哭。"这是说，苍颉是黄帝的史官，黄帝派他制造文字。苍颉从飞鸟走兽的爪蹄痕迹中得到启发，了解了蹄迹区分的道理，从而使制造的文字能够互相区别开，初步制造了文字。有了文字，百工可以治理，万品得以体察。苍颉造字是一件大事，上天因此落下粟米，鬼怪因此夜间啼哭。真是惊天地，泣鬼神。

古代帝王说。清黄奭著《汉学堂丛书》云："仓帝史皇氏，名颉，姓侯冈。龙颜侈哆，四目灵光，实有睿德。生而能书。于是穷天地之变，指掌而创文字。天为雨粟，鬼为夜哭，龙乃潜藏。"这是说，苍颉是一个帝王，通称史皇氏，名字是侯冈颉。他的相貌奇特，龙颜庄严，四目灵光，本身具有高尚的道德。因此，生来就能够书写文字。于是，苍颉能够透彻地了解天地的变化，在很短的时间里，就创造了文字。这个惊世的壮举，使上天落下了粟米，鬼怪夜间啼哭，蛟龙潜藏大海。

史皇本人说。史皇是黄帝的臣子，是第一个开始绘画的人。西汉刘安著《淮南子》云："史皇产而能书。"高诱注："史皇，苍颉。"清黄奭著《汉学堂丛书》云："仓帝史皇氏，名颉，姓侯冈。"说的是苍颉和史皇为同一个人。但也有说是两个人的。史皇作画，苍颉作书，传说有所不同。看起来，说是两个人比较顺当。

通行的说法，还是说苍颉是黄帝的史官，采纳了第一说。苍颉发明了文字，故古代以文字工作为职业的胥吏们奉苍颉为祖先，尊其为"仓王"。胥吏们处理文件，时时离不开文字，自然要敬奉苍颉了。

有一个关于苍颉的传说，在民间十分流行。

相传苍颉在黄帝手下当官。黄帝分派他专门管理圈里牲口的数目、屯里食物的多少。苍颉这人挺聪明，做事又尽心尽力，很快熟悉了所管的牲口和食物，难得出差错。可慢慢的，牲口、食物的储藏在逐渐变化，有时增加，有时减少，光凭脑袋记不住了。当时又没有文字，更没有纸和笔。怎么办呢？苍颉犯难了。苍颉整日整夜地想办法。先是在绳子上打结，用各种不同颜色的

绳子，表示各种不同的牲口、食物，用绳子打的结代表每个数目。但时间一长，就不奏效了。这增加的数目在绳子上打个结很便当，而减少数目时，在绳子上解个结就麻烦了。苍颉又想到了在绳子上打圈圈，在圈子里挂上各式各样的贝壳，来代替他所管的东西。增加了就添一个贝壳，减少了就去掉一个贝壳。这法子挺管用，一连用了好几年。

黄帝见苍颉这样能干，叫他管的事情愈来愈多，年年祭祀的次数、回回狩猎的分配、部落人丁的增减，也统统叫苍颉管。苍颉又犯愁了，凭着添绳子、挂贝壳已不抵事了。怎么才能不出差错呢？

这天，他参加集体狩猎，走到一个三岔路口时，几个老人为往哪条路走争辩起来。一个老人坚持要往东，说有羚羊；一个老人要往北，说前面不远可以追到鹿群；一个老人偏要往西，说有两只老虎，不及时打死，就会错过机会。苍

颉一问，原来他们都是看着地下野兽的脚印才认定的。苍颉心中猛然一喜：既然一个脚印代表一种野兽，我为什么不能用一种符号来表示我所管的东西呢？

他高兴地拔腿奔回家，开始创造各种符号来表示事物。果然，把事情管理得头头是道。黄帝知道后，大加赞赏，命令苍颉到各个部落去传授这种方法。渐渐地，这些符号的用法，全面推广开了。就这样，形成了文字。

苍颉庙和墓位于陕西省白水县史官乡。按碑记，该庙在东汉汉桓帝延禧五年（162），已经具有相当的规模。至于其创建于何时，尚无从查考。

苍颉庙占地十七亩。苍颉庙前，有一副对联："明四目制万世文字之祖；运一心赞两仪千古士儒之师。"庙内建有后殿、正殿、献殿、前殿、戏楼、钟楼、鼓楼等，建筑规模宏大，气势雄伟。后殿内塑有"四目重光"的苍圣像，四只眼睛，神光四射，这是根据古籍"四目灵光"的记载雕塑的。

正殿后殿陈列着历代碑刻，其中有"苍圣鸟迹书碑"等。后殿后面是苍圣墓，墓冢高3.2米，周围44米。墓顶有古柏一株，人称"转枝柏"，盖因其形态奇特，四面树枝隔年轮流荣枯而得名。如今，这里是陕西省重点文物保护单位。

匠神鲁班

76

鲁班是我国名声最大、影响最久的行业神。鲁班，姓公输，名般，又称公输般、公输子；因为他是鲁国人，"般"与"班"同音，古时通用，所以后世称他为鲁班。鲁般生于鲁定公三年（公元前507），卒年不详。他是我国古代一位优秀的手工工匠和杰出的发明专家。相传他在手工机械、木工工具、土木建筑等方面有多项创造发明，留下了许多动人的故事。两千多年以来，他一直被土木工匠们视为祖师，是匠神。

鲁班是手工工匠中的天才。《孟子·离娄》云："公输子之巧。"赵岐注："公输子，鲁班，鲁之巧人也。"孟子赞扬鲁班是鲁国的灵巧之人，决非偶然。西汉刘安著《淮南子·齐俗》云："鲁般、墨子，以木为鸢（yuān）而飞之，三日不集。"是说鲁班和墨子一起，用木材制造了老鹰，老鹰居然在天空中飞翔了三天而不落下。还有更加离奇古怪的传说。东汉王充著《论衡·儒增》云："世传言曰，鲁班巧，亡其母也。言巧工为母作木车马。木人御者，机关备具，载母其上。一驱不还，遂失其母。"这是说，世间传言，鲁班太过智慧灵巧了，以致丢掉了母亲。说鲁班为他的母亲制作了木质的车马，准备用木头人驾驭车马。所有的机关都备齐了，将他的母亲请到了车马上。木头人御者赶起车马，一瞬间，母亲就不见了。这里暗指鲁班的母亲升天为仙了。

鲁班是个心灵手巧的工艺家，还很擅长绘画。北魏郦道元著《水经注·渭水》云："（渭桥）旧有忖留神像。此神尝与鲁班语。班令其人出。忖留曰：'我貌很丑，卿善图物容，我不能出。'班于是拱手与言，曰：'出头见我。'忖留乃出首。班于是以脚画地。忖留觉之。便还没水。故置其像于水，唯背以上立水上。"鲁班不仅能够用手画画，还可以用脚画画。

公元前450年以后，鲁班从鲁国来到楚国，帮助楚国制作兵器。他曾创制了威力较大的攻城器械云梯，并准备以此来进攻宋国，他为此与当时的著名学者墨子发生了辩论，两人展开了一场攻城与守城的演习，鲁班想尽各种办法进行攻城，都被墨子一一化解。墨子主张制造实用的生产工具，以造福老百姓，反对为战争制造武器。鲁班接受了墨子的这种思想，于是便把精力投入到木

工工具、机械等各种实用技术上，埋头从事各种发明创造，留下了很多美丽动人的传说和故事。

鲁班发明锯的故事，千百年来就一直流传在民间。相传有一次，上山的时候，他无意中抓了一把野草，却一下子将手划破了。他摘下了一片叶子来细心观察，发现叶子两边长着许多小细齿，用手轻轻一摸，这些小细齿非常锋利。他明白了，他的手就是被这些小细齿划破的。这使鲁班受到很大启发。于是他就用大毛竹做成一条带有许多小锯齿的竹片，然后到小树上去做试验，试验成功了。但是，由于竹片比较软，强度比较差，不能长久使用，鲁班就制作了带有小锯齿的铁片，锯就这样发明了。

但是，青海柳湾彩陶有一把卡约文化的骨锯，却反驳了鲁班发明锯子的传说。这把古锯是用兽骨磨制而成，大约二厘米长。由于岁月的侵蚀，略显残旧。不能小看这把骨锯。

据史料记载，鲁班是锯子的发明人。但是，这一把展出的骨锯属于公元前1600年卡约文化，距今已有近四千年的历史，远远早于鲁班所生活的春秋时代，所以锯子不可能是鲁班发明的。

鲁班在长期的木工实践中，需要经常与木头打交道，发现了许多可以进行改进的技术问题。鲁班发明了刨子。有了这种工具，就可以把不平的木头刨平。其他如钻、铲、凿子、墨斗（木工画线用的）和曲尺等，传说都是鲁班发明的。其中曲尺，后人称之为鲁班尺，是木工用以求直角的，至今仍为木工所使用。在鲁班的发明工作中，他的母亲和妻子对他的帮助很大。例如，鲁班在做木工活，用墨斗放线的时候，都是由他的母亲拉住墨线的一端，他自己拉住另一端，以便弹墨放线。鲁班设计了一个小弯钩，操作简便，只需一个人就行了。后来木工就把这个小弯钩称为"班母"。

又如，刨木料时顶住木料的卡口，人们称之为"班妻"。据说这是因为鲁班以前刨木料时候，都是由他妻子扶着木料，后来他发明了卡口，才不用他妻子帮忙了。

鲁班还是一位杰出的机械发明家，发明创造了多种简单机械装置。如鲁班曾对古代的锁进行了重大改进。锁在我国奴隶社会的周代就已经出现，其形状像一条鱼，构造简单，安全性差。经过鲁班改进后，锁的机关设在里面，外表不露痕迹，只有借助配好的钥匙才能打开，具有很强的安全性和实用性。南朝梁任昉著《述异记》记道："天姥山南峰，昔鲁班刻木为鹤，一飞七百里。后放于北山西峰上。汉武帝使人往取，遂飞上南峰，往往天将雨则翼翅摇动，若将奋飞。"是说鲁班制作了木鹤，可飞七百里。

在兵器方面，钩和梯是春秋末期常用的兵器。史书记载，鲁班曾将钩改制成舟战用的"钩钜",楚国军队曾用此兵器与越国军队进行水战,发挥了很大的作用。越船后退就可以钩住它,越船前进又可以进行阻挡,既能攻又能守,颇具威力。鲁班还曾将梯改造成可以凌空而立的云梯,用以越过城墙攻占城池,非常有效。在雕刻和建筑方面,鲁班也有很多发明和贡献。唐段成式著《酉阳杂俎》记道:"(鲁班)于凉州造浮图,作木鸢。"建造了佛塔,制作了木鹰。南朝梁任昉著《述异记》记载:"鲁班刻石为九州图,今在洛城石室山。"这石头刻制的九州图,可能是我国最早的石刻地图。

有人认为,鲁班被尊为建筑业的鼻祖,远远不够。鲁班不光在建筑业有成就,在航天业,他发明了飞鸢,是人类征服太空的第一人;在军事科学,鲁班发明了云梯、钩钜及其他攻城的武器,是一位伟大的军事科学家;在机械方面,鲁班很早就被称为机械圣人。此外,还有很多民用、工艺等方面的成就。鲁班是中国当之无愧的科技发明之父。

77 酒神杜康

中国古代神话传说中的酒神是杜康。

杜康是什么时代的人?东汉许慎著《说文解字》云:"古者少康初作箕帚、秫酒。少康,杜康也。"是说少康发明了酒,而少康就是杜康,他们俩是一个人。少康历史上实有其人。夏朝第一代君主是禹,第六代君主是少康。也就是说,杜康是夏朝的第六代君主。元伊世珍著《瑯嬛记》卷中引《谢氏诗源》:"杜康造酒,因名酒曰杜康;故魏武《短歌行》曰:'何以解忧,唯有杜康。'"在古代,人们就认为杜康是最先发明造酒的人。

杜康是什么地方的人呢?

大体有三说：一是河南汝阳县；二是陕西白水县；三是河南伊川县。

一是河南汝阳县说。传说杜康出生于河南汝阳县杜康村。洛阳龙门南，有河名杜康河，原名空桑涧，相传即伊尹生空桑之地。东周时杜康家即住此涧边。史载：杜康牧羊于空桑涧，"余粥弃于桑，郁积成香，竟有奇味，杜康尝而甘美，遂得酿酒之秘"，杜康常将食剩之饭，倾入空桑树洞中，日久树中遂有馥郁香气发出，康乃据此酿而成酒。杜康被周平王封为酒仙，杜康酒被封为宫廷御酒，杜康造酒之处被封为杜康仙庄。因而，才有魏武帝曹操"何以解忧，唯有杜康"的感叹，唐代诗圣杜甫"杜酒频劳劝，张梨不外求"的自豪，宋代理学家邵雍"吃一辈子杜康酒，醉乐陶陶"的绝唱。杜康酒是中国最古老的历史名酒，因杜康始造而得名，距今已有数千年的历史。

二是陕西白水县说。清高宗乾隆十九年（1754）重修的《白水县志》中，对杜康有过记载。白水县，位于陕北高原南缘与关中平原交接处。因流经县治的一条河水底多白色而得名。白水县历史悠久，因有四大贤人遗址而名董中外：一位是字神仓颉，一位是窑神雷祥，一位是纸神蔡伦，一位是酒神杜康。传说杜康出生在白水县的康家卫。

白水县康家卫是一个小村庄，西距县城七八公里。村边有一道大沟，长约十公里，最宽处一百多米，最深处也近十米，人们叫它杜康沟。沟的起源处有一泉眼，四周绿树环绕，草木丛生，名杜康泉。泉水清冽，甘爽适口。县志上说俗传杜康取此水造酒，乡民谓此水至今有酒味。清流从泉眼中汨汨涌出，沿着沟底流淌，最后汇入白水河，人们称它为杜康河。杜康泉旁边的土坡上，有杜康墓，以砖墙围护着，传说是杜康埋骸之所。杜康庙就在坟墓左侧，凿壁为室，供奉杜康造像。可惜庙与像均毁于"文革"十年浩劫。

三是河南伊川县说。传说杜康出生于此，并在此造酒。清宣宗道光十八年（1838）重修的《伊阳县志》和清宣宗道光二十年（1840）修的《汝州全志》中，都有过关于杜康遗址的记载。《伊阳县志》中《水》条里，有"杜水河"一语，释曰"俗传杜康造酒于此"。《汝州全志》中说：(杜康叭）"在城北五十里"处。今天，这里倒是有一个叫杜康仙庄的小村，人们说这里就是杜康叭。"叭"，本义是指石头的破裂声，而杜康仙庄一带的土壤又正是山石风化而成的。从地隙中涌出许多股清冽的泉水，汇入旁村流过的一小河中，人们说这段河就是杜水河。在距杜康仙庄北约十多公里的伊川县境内，有一眼名叫"上皇古泉"的泉眼，相传也是杜康取过水的泉眼。

当然，杜康的这些出生地都是历史传说。

如今汝阳县、白水县和伊川县都出产杜康酒。三处的产品合在一起，年产量达一万多吨。这恐怕是杜康当年所无法想象的。造酒不是某个人的功劳，杜康是古代劳动人民在造酒技术上的总代表。杜康的造酒技术是古代人造酒技术的结晶。

陕西白水县的杜康祭祀节，热闹非凡。相传阴历正月二十一日是杜康诞辰。这一天，人们带上供品，到这里来祭祀，组织"赛享"活动。搭台演戏，商贾云集，摩肩接踵，熙熙攘攘，直至日落。如今，杜康墓和杜康庙均在修整，杜康泉上已建好一座凉亭。亭呈六角形，红柱绿瓦，五彩飞檐。楣上绘着"杜康醉刘伶""青梅煮酒论英雄"故事图画。据考古工作者在这一带发现的残砖断瓦考定，商朝时，此地确有建筑物。

窑神童宾

窑神是中国古代陶瓷业供奉之神。古代陶瓷业供奉的神，往往是地方神。

陶瓷的历史源远流长。汉代的陶瓷，虽然火度低、质地脆，但已有相当的规模。到了五代，最著名的瓷器是由后周世宗柴荣所烧制的紫陶，其器"青如天，明如镜，薄如纸，声如磬"，滋润细媚，制精色绝，为古今瓷器之首。宋代、明代都是陶瓷业的高峰期。清代的作品则模仿痕迹较重，创新较少。中国古代的窑神很多，现在介绍三位。

第一位窑神。最著名的窑神是童宾。窑神，又叫风火神、风火仙师。江西景德镇是我国的瓷都。早在北宋年间，朝廷派官员在此监制御用瓷器。明朝初年，明太祖朱元璋下诏在此建立御窑厂。在御窑厂内，有一座风火仙庙，庙内供奉的就是窑神童宾。关于童宾，史籍中多有记载。

清唐英著《火神童公传》记载："窑神，姓童名宾，字定新，饶之浮梁县人。性刚直，幼业儒，父母早丧，遂就艺。浮地利陶，自唐宋及前明，其役日益盛。万历年间，内监潘相奉御董造，派役于民。童氏应报火，族人惧，不敢往，神毅然执役。时造大器累不完工，或受鞭笞，或苦饥羸。神恻然伤之，愿以骨作薪，丐器之成，遽跃入火。翌日启窑，果得完器。自是器无弗成者。家人收其余骸，葬凤凰山，相感其诚，立祠祀之，盖距今百数十年。"

另据《童宾家谱》记载："当神之时，徭役繁兴，刑罚滋炽，瑟缩于前，而涕泣狼狈于后？神闻役而趋，趋而尽其力，于工则已耳！物之成否，不关一人；器之美恶，非有专责。乃一旦身投烈焰，岂无妻子割值舍之痛与骨肉锻炼之苦？而皆在不顾，卒能上济国事而下贷百工之命也。何其壮乎！然则神之死也，可以作忠臣之气而坚义士之心矣。神娶于刘，生一子曰儒。神赴火后，刘苦节教子，寿八十有五。儒奉母以孝闻。"

以上是说，童宾，字定新。生于明穆宗隆庆元年（1567）五月初二日午时。娶妻刘氏，子刘儒，祖上以烧瓷为业。明神宗万历年间（1573—1620年），内监潘相奉旨，督促烧制大龙缸，要求克日完成。但大龙缸烧成并非易事，每每失败。监工太监潘相，心狠手辣，对窑工或棍棒交加，或饥饿勒逼，窑工敢怒不敢言。限期将至，若仍没有烧成大龙缸，烧造大龙缸的相关人员将受严惩。童宾看在眼里，急在心上。为了拯救同伴，自己毅然决然地跳进窑火中，用自己的生命为代价，换来了大龙缸的烧制成功，挽救了同伴的生命。众人感动，立庙祭祀他，供奉其为窑神，也叫风火神。后来，每次烧窑前，都要烧香礼拜童宾，以求保佑烧窑成功。

第二位窑神。瓷乡江西德化县供奉的窑神是林炳。农历五月十六，德化县宝美村境内的祖龙宫最为热闹。这一天，是祖龙宫供奉的窑神林炳当年受朝廷敕封嘉奖的日子。林炳身处北宋时期，距今已有九百余年。那时，德化县的陶瓷业已相当发达，"村南村北春雨晴，东家西家地碓声"，描绘的就是当时德化县陶瓷作坊遍布乡里的情景。

德化县瓷窑密布，但窑体窄小，容量有限。其微小的生产规模，满足不了庞大的商品需求。烧制技术的落后，制约了德化陶瓷业的进一步发展。林炳顺应发展，设计发明了圆拱形大窑炉，亦称鸡笼窑，不仅容量扩大了十几倍，加之设计了烟囱拔焰消烟，热度倍增，烧制出的瓷器更为洁白剔透。距离祖龙宫不远的屈斗宫古窑，就是根据这种圆拱形大窑炉改进而成的。

关于林炳建成大型窑炉，还有一个美丽的传说。传说林炳在进行窑炉改革时，经历了无数次的失败。他非常苦恼。有一次，在倒塌的窑炉旁，身心俱疲的林炳不觉昏昏睡去。睡梦中，他感到一位仙女翩然而至。仙女在他面前解开衣襟，对他示意地指一指败窑，又指一指自己的乳房，然后隐没在云雾之中。林炳醒来，细想仙女指点，突然有所领悟，于是将窑房砌成乳房样的圆拱形大窑，两旁再砌小奶窑，护住主窑房，这样烧窑时就不再塌顶了，而且烧成的瓷器质优量多。后来，林炳又利用山坡地形，把几个窑房穿连起来，这样既能充分利用热能，增加产量，又能使窑体更加牢固，也为此后演变发展成龙窑奠定了基础。

因此，朝廷敕封林炳为"烧成革新先行"的称号。那位指点林炳的仙女，也被敕封为"玄女夫人"。有一个叫加藤四郎的日本人宋朝时来德化县学习陶艺，将砌鸡笼窑的技术带回日本，砌成"德化窑"，并尊奉林炳为"陶祖神"。

为了感激玄女指点的恩德，瓷乡德化县塑造了玄女像，建玄女宫奉祀。后来，林炳赴江西传艺，一去杳无音信。最后积劳成疾，客死他乡。家乡人怀念他，塑造林炳像安放于玄女像之右，尊为窑坊公。每逢农历五月十六窑坊公诞辰之日，家乡人都要举行盛大的纪念活动。

第三位窑神。中国台湾祭祀的窑神有当地色彩。他们祭祀的是罗文祖师和罗明祖师。罗文祖师是用土条盘筑法制陶，罗明祖师是用辘轳成型法制陶。两人是兄弟，各有所长。罗文祖师的诞辰是农历四月十一，罗明祖师的诞辰是农历九月九。每逢这两个节日，窑厂都要举行祭祀典礼，以纪念这两位造瓷的祖先。

陶神宁封子

中国古代神话中的陶神叫宁封子。传说宁封子是黄帝时的陶正。陶正是负责烧制陶器的官员。其传说始见于西汉刘向著《列仙传》，后亦为《搜神记》《拾遗记》《广黄帝本行记编珠》《历世真仙体道通鉴》诸书所载。

西汉刘向著《列仙传》记道："宁封子者，黄帝时人也。世传为黄帝陶正。有人过之，为其掌火，能出五色烟，久则以教封子。封子积火自烧，而随烟气上下。视其灰烬，犹有其骨。时人共葬于宁北山中，故谓之宁封子焉。奇矣封子，妙禀自然。铄质洪炉，畅气五烟。遗骨灰烬，寄坟宁山。人睹其迹，恶识其玄。"

这是说，宁封子是黄帝时代的人。后世传说，他是为黄帝掌管烧制陶器的官员陶正，原名封子。封子烧制的陶器质量很过硬，自己也很得意。有一天，一个人突然来拜访他，为他表演了一个道法。他竟然从手掌中发出火焰来，而且冒出的烟气分为青、赤、黄、白、黑五种颜色。封子看得目瞪口呆，不知所以。封子就虚心地向他讨教，当时人家没有教给他。然而，过了一段时间，那个人终于把这种道法传给了封子。封子虚心学习，牢牢地掌握了这个道法，而且有所升华。以后，封子想升天，进极乐世界。封子堆积了柴火自焚，身体随着烟气，时上时下。火灭后，从灰烬中人们发现了他的骸骨。当时的人们一道把他的遗骨葬于宁北山中，所以封子又叫宁封子。宁封子就是这样一位特殊人物。有诗赞曰：特异的宁封子，奇妙秉性自然。身形融化洪炉，精气化成彩焰。遗骨存于灰烬，寄托坟墓宁山。人们只看事迹，不知奥妙之源。

黄帝向宁封子问"龙跷飞行"之术。《储福定命真君传记》略云："姓宁，名封，与黄帝同时。黄帝从之，问龙跷飞行之道。"宁封子就以《龙跷经》传授黄帝。黄帝学会了，能乘云龙以游八极。"乃筑坛其上，拜宁君为五岳真人。黄帝封宁君主五岳，上司岳神。"

南宋诗人范成大说："三十里至青城，山门曰宝仙九室洞天。夜宿丈人观，观在丈人峰下。五峰峻峙如屏，观之台殿上至岩腹。丈人（宁封子）自唐以来，号五岳丈人。"因宁封子得道升天，神通广大，黄帝就册封他为五岳丈人。宁封子头戴盖天冠，身着朱紫袍，腰挂三庭印，做上了五岳神的上司。他命令五岳神，一月来朝拜两次，从此成为定制。

民间也有流传的宁封子神仙故事。四川灌县青城山建福宫后面的丈人山，传说是轩辕黄帝向宁封子丈人问道处。宁封子因封于此，故名宁封。其时洪水泛滥，人居洞穴，每到山下取水，无盛水器，以山下湿泥为器易碎。宁封子偶于烧野兽火中得硬泥，遂悟作陶之理，故传说宁封为黄帝陶正。某次烧陶，宁封子升窑添柴，因窑顶柴塌，遂陷火窟，人见灰烟中有宁封形影，随烟气冉冉上升，便谓宁封火化登仙。宁封便成为一个为发展人类文明而牺牲自己的仙人了。

80

狱神皋陶

古代监狱里供奉之神。狱神如今很难见到了。狱神何许人也？据考证，中国古代的狱神是皋陶（gāo yáo），一作"咎繇"。相传是我国古代舜帝时期的一位掌管司法的大臣，称大理。皋陶作五刑，制定了法律。史书记道："皋陶造狱，法律存也。"就是说，皋陶是监狱的首创者，是古代声名远播的刑狱之神。在掌管司法时，"皋陶造狱，划地为牢"，意思是说，皋陶创造了监狱，以不同的地域来划分监牢。将监狱分散到各地，便于管理。造狱的先驱皋陶，则被尊为狱神，旧时的监狱将他立为自己的神灵。

传说中的皋陶已经被神化了。据史书记载，皋陶的长相十分奇特：马喙而喑，状如削皮之瓜，青绿色。是说皋陶的嘴像马嘴，长而尖。嗓子不好，声音喑哑。皮肤是青绿色的。显然，这是个神仙的奇怪形象。传说皋陶有一只神羊，如同现代的测谎仪，是动物测谎仪。东汉王充著《论衡·是应》记道："一角之羊也，性知有罪。有罪则触，无罪则不触。故皋陶敬羊，起坐事之。"这是一只独角羊，有特异功能，能够判断人是否有罪。判断你有罪，就用独角撞击你；判断你无罪，就不用独角撞击你。因为独角羊有这样的特异功能，所以皋陶特别敬服它，给它很高的地位。以上就是皋陶神话传说的大致情况。

现在供奉狱神皋陶的监狱在哪里呢？在山西洪洞县苏三监狱。苏三冤狱事，在明朝小说家冯梦龙《警世通言》的《玉堂春落难逢夫》里有详细记叙。苏三的爱情故事，由于戏曲《玉堂春》的广泛演出，而家喻户晓。苏三的著名唱词"苏三离了洪洞县，将身来到大街前。未曾开言心好惨，过往君子听我言"，人们也是耳熟能详。

玉堂春落难逢夫的故事，就发生在山西洪洞县，直到民国九年（1920），洪洞县司法科还保存着苏三的案卷。

苏三，原名周玉姐，明代山西大同府周家庄周彦亨女。六岁时父母双亡，后被拐卖到北京苏淮妓院，遂改姓为苏。她到妓院前已有二妓，排行三姐，号玉堂春，俗称苏三。当朝尚书之子王景隆冶游，偶遇苏三，一见钟情，缠绵悱恻，私定终身。王景隆沉溺妓院，不觉一载，挥霍三万两雪花银。苏三劝王景隆发奋上进，誓言不再从人。其间，故事跌宕起伏，离奇曲折。王景隆离京归里，虽对苏三不能释然，但奋志读书，连战皆捷。先是考中举人，后是考中进士。在王景隆返家之际，苏三被鸨儿以二千两银子的身价，卖给山西洪洞马贩子沈洪为妾。沈洪其妻皮氏与监生赵昂私通。沈洪带苏三回到洪洞，皮氏顿生歹心，与赵昂合谋毒死了沈洪，诬陷苏三。赵昂从皮氏家中拿出一千余两银子行贿。王知县贪赃枉法，对苏三严刑逼供，苏三受刑不过，只得忍屈画押，被判死刑。正当苏三在洪洞死牢含冤负屈之际，适值王景隆升任山西巡按。王景隆在此前虽风闻苏三被卖到洪洞，但未知真情，故到任伊始先急巡平阳府。得知苏三已犯死罪，便密访洪洞县，探知苏三冤狱案情，即令火速押解苏三案件全部人员至太原。王景

隆为避亲审惹嫌，遂托刘推官代为审理。刘推官公正判决，苏三昭雪，真犯伏法，贪官被撤，苏三和王景隆有情人终成眷属。

由于苏三故事曲折动人，当年的苏三监狱由此闻名，被保存维修。苏三监狱在今洪洞县政府院内西南，亦即明洪洞县衙西南角。一进挂有"明代监狱"匾额的大门，首先看到的便是苏三的塑像，外院为当年监狱的办公场所，右边的院落是普通监牢，中间是过道，两边共有监牢十余间。过道顶上布有铁丝网，网上挂有铜铃，一有犯人企图越墙逃跑，便会触响铜铃。

过道的尽头，正对的是狱卒的看守室。右面的墙上有狱神的供位，传说当年囚犯入狱都要参拜狱神。这个供位，是一个用砂石雕刻成的神龛。神龛里有砖刻的三尊小小的神像。中间坐着的是一位老者，慈眉善目，温文尔雅。两旁是两个小鬼，张牙舞爪，面目狰

狌。中间的老者，就是狱神了。旧时，监狱的犯人，每天都要参拜狱神的，祈望得到狱神的保佑。而这个狱神，就是皋陶。

狱神下面的墙基处，有一小洞，是当年运送尸体的出口。犯人在狱中病死或是被打死，是不能从大门抬出去的，只能从这个小洞拉出去。过道尽头的左边，便是死囚牢的大门。死囚牢双门双墙，门上画有狴犴（bì àn），狴犴是龙的儿子，长得却像老虎，因此人们误称为虎头牢。龙生九子，子子不同，狴犴专门掌管刑狱。大门只有一点六米高，所有进入死囚牢的人都要在狴犴像前低头，显示对法律的敬畏。

"文革"十年动乱期间，苏三监狱被拆毁。为了使苏三监狱这一仅存的明代监狱得以保留，洪洞县人民政府做出了修复明代苏三监狱的决定。修复事宜于1984年5月开始，同年10月竣工。

天津小西关监狱里供奉的狱神，也是皋陶。最近，此处已经拆迁，变成了一座现代化的医院。

81

晦日送穷神

所谓穷神，是指旧时北京杠房伙计供奉之神，是穷人的保护神。一说是高阳氏子瘦约；一说是姜子牙夫人叶氏。

高阳氏就是五帝之颛顼，瘦约是其子。瘦约虽生于帝王之家，但生来喜欢穿破衣烂裤，吃剩饭稀粥，所以人称"穷子"。他死于正月晦日，故有晦日送穷子之说。穷子后来演变为穷神，人们就在晦日送穷神了。晦日，指农历每月的最后一日。不过，送穷神的日子并非局限于晦日。如今，有些地方在正月初六或正月二十九等日送穷神。

82

贼神时迁

另一位传说中的穷神是姜子牙夫人叶氏。姜子牙在封神时，封叶氏为穷神，命令她有福的地方不能去。从那以后，人们在过年时便纷纷在家中贴福字，穷神就不敢来了。

穷神是穷人的保护神，自然得到社会底层人们的信仰。杠房是丧事仪仗店，是出租丧葬用具和代办丧葬事宜的店铺。杠房伙计，就是出殡时抬棺椁的杠夫。杠夫生活在旧社会的底层，处于极贫状态。他们过着乞丐似的日子，穿着漏洞的衣裳，戴着破口的毡帽。无事时，挤在街道旁等活干；有事时，风里来，雨里去，十分辛苦劳累。他们希冀神仙的庇佑，因此供奉穷神。

穷神庙里的穷神，头戴破毡帽，身穿破衣裳，手拎破酒壶，一副看破红尘、自得其乐的模样，很像杠夫的自画像。

贼神是旧时盗贼供奉之神。盗贼为了取得神灵的庇佑，就崇拜一个他们自认为的神仙。这个神仙，就是时迁。

时迁，历史上并无其人，是元末明初小说家施耐庵的长篇小说《水浒传》里虚构的人物。时迁练就一身好功夫，能飞檐走壁，跳篱骗马，江湖上人称"鼓上蚤"。杨雄、石秀杀了淫妇潘巧云、奸夫裴如海，正商量去投奔梁山，没想到撞上了正在盗墓的时迁，三人决定共同投奔梁山。途中，时迁因为偷吃了祝家庄酒店的公鸡，被祝家庄人马捉去，并且惹出宋江三打祝家庄一段事来。时迁上了梁山后，被派去东京盗得徐宁的雁翎锁子甲，和汤隆一起将徐宁骗上梁山，立了功劳。时迁被封为走报机密步军头领第二名，是梁山第一百零七条好汉。征讨方腊时，时迁病死在途中。

《水浒传》中对时迁巧盗锁子甲的描写，表现了时迁盗甲时的冷静沉着：时迁听那两个梅香睡着了，在梁上把那芦管儿指灯一吹，那灯又早灭了。时迁却从梁上轻轻解了皮匣，正要下来，徐宁的娘子觉来，听得响，叫梅香道："梁上什么响？"时迁做老鼠叫。丫鬟道："娘子不听得是老鼠叫？因厮打，这般响。"时迁就便学老鼠厮打，溜将下来。悄悄地开了楼门，款款地背着皮匣，下得扶梯，从里面直开到外门，来到班门口。已自有那随班的人出门，四更便开了锁。时迁得了皮匣，从人堆里趁闹出去了，一口气奔出城外，到客店门前。此时天色未晓，敲开店门，去房里取出行李，拴束做一担儿挑了。计算还了房钱，出离店肆，投东便走。

作家施耐庵是如何创作时迁这个人物的，还有个民间传

贼神时迁像

说。施耐庵是元末明初人，平时最痛恨偷鸡摸狗的人，因而他在写《水浒传》里的时迁时，怎么也写不好这个地贼星。

有一次，他正坐在窗下苦思冥想，两眼盯着窗外的芦花老母鸡出神。这时有个人从门口一闪，老母鸡不见了。施耐庵心里想：真见鬼了！不曾望见人偷，鸡凭空没了，这事倒

蹊跷呢！他跑出门一望，原来是东庄的李大。他便喊了声"李大"！俗话说：做贼心虚，李大听见施耐庵喊他，吓得"扑咚"往地上一跪，乖乖地从布口袋里把鸡拿了出来，连声求饶。施耐庵的老婆听见门口有人说话，也跑了出来，一见是贼偷了她家生蛋的芦花老母鸡，气得发抖。施耐庵晓得李大是个硬汉子，挑私盐时跟张士诚一块造反的，很有本领，张士诚兵败后才逃回家，便问他为什么偷鸡？

李大说："不瞒先生说，我家里有个九十岁的瞎老母亲，已三天没得一粒米下肚了，不得已才做了这种下贱事，真对不起先生。"施耐庵一听，对李大很同情，连忙叫老婆盛饭给他吃，并对李大说："我有二两银子用红布包了放在房间里的大梁上，你今晚如能偷到，偷鸡的事恕你无罪，银子也送给你拿回家奉养老母，不过今后可别再干这种营生了。"李大一听忙说："请先生放心。

我今生再也不干这偷窃的事了，但先生的银子我不要。"李大不晓得，施耐庵叫他偷银子有用意呢。原来施耐庵写时迁盗徐宁的传家宝，写来写去都不像，他宁愿用二两银子买个见识，便对李大说："我早听说你是条硬汉，今儿一定要显一手给我望望。"

李大不好再违拗，只好答应了下来。施耐庵的这一举一动，可把站在一旁的老婆急坏了。到了晚上，施耐庵晚饭一吃就上床睡觉了，他老婆可有心眼呢，把房门和窗户关得严严实实的，睡在床上灯也不敢熄，两眼死盯住梁上的红布包。她心里想，除非你李大变只苍蝇飞进来，要不然这银子你莫想偷到。她哪里晓得，这时李大已躲在房间里的衣柜后头了。她眼睁睁地一直看到半夜，实在困了，便打了个盹。这时，施耐庵可两眼睁大地睡在床上呢，他先听到几声老鼠叫，又见李大像只跳蚤似的往梁上一蹿，把银子偷走了，空红布包还是在梁上。第二天天亮了，他老婆望望红布包还在那里，心里欢喜着。

门一开，只见李大来了，手上捧着二两银子送给施耐庵。施耐庵老婆再把红布包一捏，里头空空的，银子已经偷走了。施耐庵叫李大把银子拿回家去奉养老母，李大一听双眼流泪，怎么也不肯要，拜别施耐庵就走了。施耐庵没法，在第二天一大早，又派人送了二斗米到李大家。据说，打这次以后李大便做起了小本买卖，再也没干那偷窃的事。

传说从这事以后，施耐庵把《水浒传》中有关写时迁的章节全部撕掉重新写了一遍，"鼓上蚤"时迁就是取的李大的原型。

《水浒传》中的时迁形象鲜活可爱，水浒戏中则出现了时迁的武丑形象。以"鼓上蚤"时迁为主角的武丑戏非常受欢迎，久演不衰。其中最著名的有《时迁偷鸡》《时迁盗甲》等。《时迁偷鸡》又名《巧连环》，演杨雄、石秀和时迁投奔梁山，夜宿祝家店，最后被捉住的故事。此戏属于吹腔戏范畴，时迁有繁难的翻跌功夫，特别是吃火的表演。店家被时迁戏弄后报信，草鸡大王赶来捉拿时迁。草鸡大王也是丑角扮演，三花脸，头盔上插一根翎子，穿靠，插旗，使枪。捉住时迁后的下场很特别，即时迁蹬上草鸡大王的肩头，挂着他的枪，上下二人一块三笑，这样叠罗汉下场。此剧中杨雄为老生，石秀为武小生。

《时迁盗甲》是演时迁盗取徐宁祖传的雁翎甲，来赚徐宁上梁山的故事。时迁唱昆曲，身段复杂，是前辈丑角杨鸣玉的拿手杰作。富连成社曾据此编演了《雁翎甲》一出大戏，是叶盛章的代表作。叶盛章还演出过《盗王坟》。这是讲时迁盗掘王坟，遇着杨雄和石秀，三人共投梁山的故事。

时迁可以说是个义盗。盗贼把时迁作为自己崇拜的神仙，不过是想为自己的不义之举找一块遮羞布而已。

还有一个贼神的组合，即五盗将军。这是宋前废帝时的事。南朝宋（420—479年），是南北朝时期南朝的一个政权。公元420年，宋武帝刘裕取代东晋政权而建立。国号宋，定都建康（今南京），史称南朝宋或刘宋。

宋武帝的第五位继任者为宋前废帝（449—465年），名刘子业，小字法师。孝武帝刘骏之长子。刘子业于大明八年（464）五月即位，他荒淫无度，凶暴异常，肆意诛杀宗室大臣。次年，卒。史传湘东王秘密结交刘子业身边之重臣，将只有十七岁的刘子业在华林园刺死。因其后还有一个宋后废帝刘昱，所以刘子业就称为宋前废帝。

相传在宋前废帝刘子业时期，出现了一伙盗贼，人称五巨寇。这五个人是：杜平、李思、任安、孙立、耿彦。他们横行一方，杀人越货，藐视官府，扰害百姓。在景和年间，宋前废帝特派大将张洪，将他们剿灭了。并在新封县北将他们全部正法，民心大快。不承想，这五名盗贼却在其被斩之处，降祟作怪，扰乱地方。当地人无奈，只得盖庙烧香，将他们奉为贼神，呼为五盗将军，岁时奉祀。从此，各路细贼，也有视他们为行业神的。

83

茶神陆羽

中国神话传说中的茶神。历史典籍对陆羽有所记载。

据佚名著《大唐传载》云：

太子文学陆鸿渐，名羽，其生不知何许人。竟陵龙盖寺僧，姓陆，于堤上得一初生儿，收育之，遂以陆为氏。及长，聪俊多闻，学赡词博，诙谐谈辨，若东方曼倩之俦。鸿渐性嗜茶，始创煎茶法。至今鬻茶之家，陶其像置于锡器之间，云宜茶足利。鸿渐又撰《茶经》二卷，行于代。今为鸿渐形者，因目为茶神，有交易则茶祭之，无则以釜汤沃之。

唐李肇著《唐国史补》卷中记载：

竟陵僧有于水滨得婴儿者，育为弟子。稍长，自筮，得蹇之渐。繇曰："鸿渐于陆，其羽可用为仪。"乃令姓陆名羽，字鸿渐。羽有文学，多意思，耻一物不尽其妙，茶术尤著。巩县陶者多为瓷偶人，号陆鸿渐。买数十茶器得一鸿渐，市人沽茗不利，辄灌注之。

陆羽，字鸿渐。不知什么地方生人，也不知何时所生。大约生于唐玄宗至唐德宗年间（733—804），享年近七十岁。陆羽出生坎坷，后来命运顺遂。他刚一出生，父母便将其遗弃在河岸上。幸运的是，竟陵（今湖北天门县）龙盖寺的陆禅师，在河岸上捡到了他，抱回寺院收养，后来就姓陆了。在寺院，陆儿得到了很好的教育。长大

了，陆儿面貌俊秀，学识渊博，词汇丰富，谈吐诙谐。他的唯一缺陷，是稍微有一点口吃。有一次，他用《易经》为自己卜卦，得到一个卦辞："鸿渐于陆，其羽可为用仪。"意思是说，水鸟到了高平地，它的羽毛可以编成文舞的道具。陆羽明白，这是一个吉卦，且和自己的身世暗合，十分高兴。确认以陆为姓，羽为名，鸿渐为字。卜卦后，不知不觉，口吃的毛病逐渐好了。

十三岁时，得到竟陵太守李齐物的赏识。赠他诗书，推荐他到火门山的邹夫子那里学习。十九岁时学成下山，常与好友诗人崔国辅一起出游，品茶鉴水，谈诗论文。据说，陆羽还和颜真卿、张志和等一批名士相交往。皇帝听说陆羽很有学问，就拜他为太子文学，不久又叫他任太常寺太祝。但是，陆羽不爱做官，婉言谢绝。陆羽嗜茶如命。二十一岁时，他为了研究茶的品种和特性，离开竟陵，游历天下，遍尝各

地的名水和名茶。亲身攀葛附藤，采茶制茶，一心扑在研究茶上。

上元初，更隐居在苕溪（今浙江吴兴），专心著作。他积多年经验，终于写出了中国第一部，也是世界第一部研究茶的专著《茶经》。全书三卷十篇：

一、茶之源——记茶的生产和特性；

二、茶之具——记采茶的工具；

三、茶之造——记采茶的时间；

四、茶之器——记饮茶的用具；

五、茶之煮——记煮茶的方法；

六、茶之饮——记饮茶的方法；

七、茶之事——记嗜茶的人事；

八、茶之出——记茶的产地；

九、茶之略——略述茶的历史；

十、茶之图。

此书是关于茶的百科全书，后世的百余种茶书皆源于此。陆羽的《茶经》，是唐代和唐代以前有关茶叶科学知识和实践经验的系统总结。《茶经》一问世，即为历代人所宝爱，盛赞他为茶叶的开创之功。北宋诗人陈师道为《茶经》作序说："夫茶之著书，自羽始。其用于世，亦自羽始。羽诚有功于茶者也。"从此，天下人才知道饮茶。当时卖茶的茶商，为陆羽雕塑了陶瓷像，置放在显著的位置，供奉为茶神，民间尊之为茶圣。

湖北天门县城北门外，有一处著名的井泉，人称"文学泉"。泉后有一碑亭，内立石碑，正面题"文学泉"，背后题"品茶真迹"。碑亭后面有座小庙，是"茶圣"陆羽庙。石壁刻有陆羽小像，正在端坐品茗，极有风致。在当时，陆羽像大多为陶瓷制品，为茶商和茶肆老板所供奉。

陆羽亦曾隐居在今日的江

西上饶市广教寺多年。在他的隐居处筑有山舍陆鸿渐宅。宅外有茶园数亩。并凿有一泉，水清味甘，被誉为"天下第十四泉"，即陆羽泉。泉边石围上"源清流洁"四个篆字，是清末知府段大诚所题，至今保存完好。陆羽在此以自凿泉井，烹自种之茶，自得其乐。唐代诗人孟郊在《题陆鸿渐上饶新开山舍》一诗中，盛赞陆羽的清雅高洁。诗曰："惊彼武陵状，移归此岩边。开亭拟贮云，凿石先得泉。"

84

蚕神嫘祖

蚕神是中国古代神话中发明养蚕造丝之神。蚕神在民间有嫘（léi）祖、马头娘、青衣神、玄名真人马明王、蚕女、马明菩萨等多种称呼。

中国是最早发明种桑饲蚕的国家。大约在新石器晚期，即五千年前，我们的祖先就已经知道利用蚕丝了。到了商朝，甲骨文中出现了桑、蚕、丝、帛等有关桑蚕的文字，而且还有一批与这些文字相关的文字。这说明在商朝桑蚕已经成为一个行业。在古代男耕女织的农业社会经济结构中，蚕桑占有重要地位。汉以前，蚕已被神化，称其神曰先蚕，意指始为蚕桑之人神。东汉称"寓氏公主"。北齐改祀黄帝，北周又改祀黄帝元妃西陵氏，即嫘祖。这都是官方祀典中所记的蚕神，有的已经传入民间。民间祀奉的蚕神，则是蚕马神话演化而来的蚕女、马头娘。在众多关于蚕神的神话传说中，著名的蚕神大体有三位。

传说第一位蚕神是嫘祖。嫘祖是黄帝的正妻，古代教民养蚕之神。南朝范晔著《后汉书·礼仪志》云："祀先蚕，礼以少牢。"南宋罗泌著《路史·后纪》云："（黄帝）元妃西陵氏曰嫘祖。以其始蚕，故又祀先蚕。"是说因为嫘祖最先开始养蚕造丝，所以人们尊奉嫘祖为先蚕，并加以祭祀。相传，在人类历史上，是她首先开始种蚕，故后世祀以为先蚕。

嫘祖发明养蚕造丝之事，民间有传说。据陶阳、钟秀著《中国神话》记载，在陕西黄陵县就流传着嫘祖发现蚕丝的民间故事。据说，黄帝命其妻嫘祖制作衣服，嫘祖想得到一种材料制作衣服。为此，嫘祖急病了。有一天，嫘祖的同伴发现了一些果实上的丝状物，向嫘祖报告。嫘祖不听则罢，一听病情好像减轻了大半，立即要看个究竟。身边人不让她动，把缠在木棒上的细丝线拿来叫她看。嫘祖仔细察看了缠在木棒上的细丝线，对周围的女子说："这不是果子，不能吃，但是它大有用处。"接着嫘祖就详细询问了果子从哪里摘来，在什么山上，在什么树上。嫘祖听了后，说也怪，第

二天病就全好了。她不顾黄帝的劝阻，亲自带领妇女上山要看个究竟。嫘祖在树林里整整观察了几天，才弄清这种白色果子，是一条口吐细丝的虫子绕织而成，并非树上结的果子。嫘祖回来把这事向黄帝作了详细说明，并要求黄帝下令保护所有的桑树林。从此，栽桑养蚕就在嫘祖的带领下开始了。后世为了纪念她的功绩，就称她为"先蚕娘娘"。

传说第二位蚕神是马头娘。马头娘的雏形是《山海经·海外北经》所记的"欧丝"女子。当时蚕神的形象尚未与马相联系。《荀子·赋篇》有赋五篇，其四《赋蚕》中有云："此夫身女好而头马首者欤？"是说蚕身柔婉似女子，而蚕头似马首。后人据此将蚕与马糅合，造出人身马首的蚕马神。

最早记载马头娘故事的是《太古蚕马记》。此书据称为三国吴张俨所作，一般学者疑是魏晋人所伪托。东晋干宝著《搜神记》亦记载其事迹。据

说，马头娘本是古代一位平民女子。高辛帝时，蜀地战乱，她的父亲被拉去征战，一年多不见回还。唯有父亲平常骑的马还留在家中。女儿日日夜夜挂念父亲，有时茶饭不思。她的母亲无奈，就对众人发誓说："谁要能把她的父亲找回来，我就把女儿嫁给谁。"家里的佣人们都只是听听而已，谁都无法使她的父亲回归家中。然而，想不到的是，那匹马听了这话，却惊跃振奋起来，挣脱了缰绳，迅疾而去。几天后，父亲就骑着那匹马回来了。可是从这日起，那匹马就开始嘶叫哀鸣，不肯吃东西。父亲问怎么回事，母亲就把对众人发誓的事告诉了父亲。父亲说："这誓是对人发的，而不是对马发的。哪有人与畜牲婚配的事呢？"于是，父亲就加添了许多好饲料，打算以此来安抚和回报这匹马。可是，马还是不肯吃东西。每当那女孩从它身边走过，它都怒目而视，并且奋然出击，没

有一次不这样。父亲一怒之下便把这马杀了，而后剥下马皮曝放在庭院中。有一天，女孩从马皮旁经过，马皮蹶然而起，卷着女孩子飞走了。十多天后，人们在一株桑树下找到了那张马皮。女孩则已变为蚕，食桑吐丝作茧，为人间造衣。父母痛悔不已，念念不忘。一天，忽然看见蚕女骑着那匹情马，乘着流云，前呼后拥数十人从天而降。她对父母说："太上因为我孝能致身，心不忘义，授予我九宫仙嫔之职，在天长生，你们就不要再忆念我了。"说毕，便乘马上天而去。这女子的家乡在蜀中什邡、绵竹、德阳三县交界之地，每年都有来自四方的祈蚕者云集在此。而蜀中寺观多塑女人披马皮的像，人称马头娘，用以祈祀蚕桑。

民间又称马头娘为马明王、蚕女、马明菩萨等。

传说第三位蚕神是青衣神。青衣神即蜀地先王蚕丛氏。传说蚕丛氏最初是蜀侯，后来又

蚕神，《新刻出像增补搜神记》，
明金陵唐氏富春堂刊本，明万历元年，1573 年

成为蜀王。他经常穿一身青衣，巡行郊野，教百姓们怎样养蚕。乡里人感念他的恩德，为他立祠祭祀，每逢祈祷没有不灵验的。地方上俗称他为青衣神。

传说第四位蚕神是玄名真人。 道教也崇奉蚕神，这位蚕神就是玄名真人所化。《太上说利益蚕王妙经》云："有一真人名曰月净，上白（灵宝）天尊曰：'今见世间人民苦乐不均，衣无所得，将何救济？'天尊悯其所请，乃遣玄名真人化身为蚕蛾，口吐其丝，与人收什，教其经络机织，裁制为衣。"据此，蚕神不仅管蚕桑，还管机织成衣之事。

除以上传说的四位蚕神外，还有一些没有姓名的蚕神。

蚕神的形象，有的是一个女子骑在一匹马上；有的是一个女子端坐，身旁站着一匹马；有的是三位女子共骑一匹马。

染神梅葛二圣

中国古代神话传说中的染神是梅葛二圣。远古的时候，人们穿的衣服是没有颜色的。到底是谁发明了颜色呢？这是一个千古之谜。民间传说发明颜色的人，就是梅葛二圣。

有关梅葛二圣的来历，民间有三种传说。

第一种传说。 最初人们用棉布和麻布缝制衣服，穿起来确实比兽皮羽毛舒适多了，但可惜都是白色的，不如兽皮羽毛漂亮。有个姓梅的小伙子，一次不小心摔倒在河边的泥地里，河泥染脏了他的白色衣服。于是，他把脱下的衣服在河里洗，可是怎么也洗不出衣服原来的白色。衣服原来的白色，变成了黄色。不料，村里

梅葛二圣像

的人一见，都说这种颜色挺好看。梅君回想，是什么东西把衣服染成黄色的呢？他认定是河泥。这是一个不小的发现。梅君把这个发现，秘密地告诉了好朋友葛君。就这样，河泥可以染黄布的事传开了。从此，人们穿上了黄色衣服。梅葛两人寻思着把衣服染成其

他颜色，共同试验，但总不成功。一天，他俩把染黄的白布，挂在树枝上。忽然，布被吹落在草地上。等他俩发觉后，黄布成了"花"布，上边青一块、蓝一块，他们觉得奥妙准是在青草上。于是，两人拔了一大堆青草，捣烂了，放在水坑中，再放入白布，白布一下变成蓝

色的了。此后，人们又穿上了蓝衣服，还把这种染衣服的草叫"蓼蓝草"。梅葛二人也成了专门染布的先师，后人称他们为梅葛二圣。

第二种传说。"梅葛二圣"并不是什么先师，而是一鸟一果。传说，最初古人们不管是老百姓还是皇帝，穿的衣服都没有颜色。有个皇帝觉得自己与百姓一样穿没有颜色的衣服，显不出尊贵庄严。皇帝就下令，让工匠为他制作一件跟太阳一样鲜红的袍子。工匠做不出，就被杀掉，一连杀了许多人，红袍衣还是没有制出。

一天，忽然来了位老人。他为了使工匠不致被斩尽杀绝，就对皇帝夸下海口："我能造红袍，但要一些时日。"老人不过是缓兵之计。这天，他正在苦思冥想如何使皇帝再宽限几日，不知不觉间，走进了某处山林。老人忽然发现一只葛鸟在吃梅果。葛鸟一边欢快地叫，一边愉悦地吃，梅子的红汁从鸟嘴里流了出来。老

人突然受到启迪，一下有了主意，用红梅染成红袍，或许能应付过去。老人一试，果真成功了。老人拿红袍交了差，在暴君的刀口下救活了无数工匠。众人都把老人视为"活神仙"，要给他立庙供祀。老人不答应，说是天帝派了两个神仙，一个姓葛，一个姓梅，来救大家。于是，人们按照老人的模样塑造了梅葛二圣像，建庙供奉。

第三种传说。在这个传说里，梅葛二圣是有名有姓的。传说，染坊供奉梅福、葛洪为行业祖师，两人合称梅葛二圣、梅葛二仙等。

梅福为西汉末年人，曾任南昌尉，后出家修道炼丹。宋元丰年间（1078—1086年），宋神宗赵顼（xū）封其为寿春真人。葛洪，字稚川，自号抱扑子，是东晋著名道士、医学家和炼丹术家。他自幼好学，但家境贫寒，无钱买书，就卖柴换回纸笔，晚间抄写默诵，学习知识。著有《抱扑子》一书，

86

梨园神唐明皇李隆基

内详载各种炼丹方技。

民间传说，梅葛二仙曾化作跛脚汉行乞。为感谢一对青年夫妇的施舍，他俩在酒足饭饱之后唱道："我有一棵草，染衣蓝如宝。穿得花花烂，颜色依然好。"两人手舞足蹈，边唱边跳，周围瞬间长出许多小草。青年夫妻听闻草能染衣，便割了几筐放在缸里，过了数日仍不见动静。不久，两位跛脚汉又来借宿喝酒。临走时，把剩酒和残汤全都倒入缸内，缸水顿时变成蓝色。二仙说："水蓝是蓝靛草变的，染衣可永不变色。"小两口高兴地用它来为乡亲染布。此后，人世间便出现了染布业。该行在每年的农历九月九日，即梅葛二圣的诞辰，都要举行祭典。

旧时，河南开封、四川绵竹等地，都有梅葛庙，供奉梅葛二圣。每年农历四月十四和九月初九梅葛二圣的诞辰，染匠都要举行祭祀活动，同饮梅葛酒，以资祝贺。

梨园神是过去戏曲界供奉之神。梨园神到底是何人，民间传说不一。有的传为田相公，有的传为老郎，还有的传为孟田苟留、仲田洪义、季田智彪三兄弟，但近来以唐玄宗李隆基为梨园神的说法比较流行。

梨园神是田相公的传说，出自清俞樾著《茶香室丛钞》。《茶香室丛钞》引清朝汪鹏《袖海编》云："习梨园者共构相公庙，自闽人始。旧说为雷海青而祀，去雨存田，称田相公。"这是说，戏曲界人士共同修建相公庙，是从福建省人最先开始的。

原来的说法是，梨园界供奉著名乐人雷海青。雷海青是唐玄宗的宫廷乐师，精通琵琶演奏，号称琵琶圣手。后来就变换成了另外一种说法，将"雷"字去掉"雨"旁，留下"田"旁，称作田相公。这种说法虽不可考，但是以雷海青之忠，把他尊奉为梨园界的神仙，是不为过的。然而，尊奉田相公为梨园神的，似乎并不广泛。戏曲界真正尊奉的梨园神是唐明皇——唐玄宗李隆基。

唐玄宗（685—762），即李隆基，是唐睿宗李旦的第三个儿子，唐高宗和武则天的嫡孙。唐玄宗具有卓越的政治才干，他平定韦氏集团的阴谋篡权，贬逐隐控朝纲的太平公主，顺利登上帝位。登基后，励精图治，任用贤才，在"贞观之治"的基础上，开创了历史上有名的"开元盛世"。唐玄宗面貌俊秀，气宇轩昂，善骑射，通音律。

唐玄宗具有超常的音乐天赋。他还在当皇子时，就经常与兄弟们举办家庭音乐会。与杨玉环的爱情也是由于杨玉环能歌善舞，精通音律，再加上当时唐玄宗的宠妃武惠妃病逝，遂冒天下之大不韪，纳儿媳为妃。史称唐玄宗"性英断多艺，尤知音律，善八分书"，这是说，唐玄宗他英武果敢，多才多艺，精通音乐，擅长书法。他在舞蹈方面也很有天分，十六岁时常为祖母武则天，表演唐代著名歌舞大曲《长命女》。乐器在他手里就活了起来，会演奏多种乐器，尤其喜爱演奏羯鼓。唐玄宗练习时敲坏的羯鼓，就有四大柜。他很看重羯鼓，称羯鼓是"八音之领袖"，认为各种乐器都不能与它相比。唐玄宗羯鼓演奏技巧很高，宰相宋璟赞赏其为"头如青山峰，手如白雨点"，可见其演奏羯鼓技巧之高。唐玄宗喜爱音乐，如醉如痴，甚至上朝时也怀揣玉笛，用手指不停地在笛孔上按模新曲。

"梨园"何以成为戏曲的代名词呢？这和唐玄宗有关。

唐玄宗李隆基酷爱音乐，并亲自训练了一支多达三百人的乐队。乐工常在宫中排练，对政事颇有干扰。唐玄宗就令人为乐工们另找一排练场所。御花园后有一个三百亩的大梨园，园内梨花洁白如雪，梨叶鲜绿如玉，幽雅僻静，是排练的好地方。唐玄宗就决定在此排练。过了一段时间，梨子熟了，乐工排练也初见成效，唐玄宗就带着杨贵妃及大臣们来到梨园，园中硕果累累，芳香诱人，丝弦悠扬，动人心脾，李隆基大悦，当即亲书一匾，称乐工为"梨园弟子"。从此，"梨园"便成为音乐戏曲的代名词，"梨园弟子"也成为乐工艺人的专称。

其实，唐玄宗训练宫廷艺人的场地主要有两处。一处是首都长安（今陕西西安）光化门北禁苑。这里有一个大广场，兼可拔河打球。一处是蓬莱宫侧宜春院，其中分设男女二部。

唐玄宗亲自教授乐工丝竹之戏，音响齐发，听到一个音错了，必定予以校正。他亲自颁布曲名，亲自举办宫廷器乐合奏会。正是由于这位皇帝音乐家的喜爱和重视，盛唐音乐，以及与各民族音乐文化的融合，达到历史的顶峰。

唐玄宗一生作有无数曲子，闻名于世的有《紫云回》《龙池乐》《凌波仙》及五十六岁时遇上杨贵妃后作的《得宝子》等。最著名的就是歌舞大曲《霓裳羽衣曲》，《霓裳羽衣曲》是音乐舞蹈史上一颗光彩夺目的明珠。

现代的演员或艺人，以前叫倡优伶工。正像对待女人一样，古代上流社会既把倡优伶工作为寻欢作乐的工具，又把他们当作祸水。宋代欧阳修写的《伶官传论》，就把统治者的败国亡家的罪过让伶人承担。旧时，下层社会的青洪帮和袍哥等组织不许艺人参加。"十流九戏"，是骂下流坏子多是戏曲演员。残酷的现实社会，使艺人没有立锥之地。他们被逼得走投无路，只有投向神灵，寻找一个安身立命的精神支柱。他们供奉敬仰唐玄宗为梨园神，就是为了寻求一个皇帝做靠山，以保身家性命的安全。

旧时，各地均设梨园庙，每逢节日戏曲艺人前往祀拜。过去在戏班子的后台，常会见到戏班所供的一个神龛，龛中有一尊神像，高不过一尺左右，是个英俊少年，面皮白皙，身穿黄袍。这位就是戏曲行所祀之老郎神，也就是梨园神。

梨园神俗称"老郎神"，是因为许多方言中，"老"是"小"的昵称。"小儿子"常被叫作"老儿子""老疙瘩"。李隆基是唐睿宗的第三个儿子，也就是"老郎"。玄宗自己也常自称"三郎"，他在梨园给演员们排练时，常对他们大声喊："你们要好好练，别给三郎丢脸！"

华清池大门内西侧有"唐梨园文化艺术陈列馆"，是一座综合性的文博旅游场所，生动再现了唐代梨园盛景。

娼妓神管仲

娼妓神是旧时妓女供奉之神。那时，妓女生活在社会底层，受尽压榨和剥削。她们在投靠无门的情况下，只有祈求神灵的保佑。于是，她们选中了一个神仙。这个神仙就是管仲。

管仲（？—前645），春秋时期的政治家。名夷吾，又称敬仲、管子。颍上（安徽颍水之滨）人。年轻的时候，经常同政治家鲍叔牙交往，得到鲍叔牙的赏识。在鲍叔牙的辅佐下，公子小白回到齐国做了齐桓公。鲍叔牙向齐桓公极力举荐管仲为卿，居于自己之上。于是，齐桓公任命管仲为卿，尊称"仲父"。

自此，管仲执政四十年。管仲认为，仓廪实而知礼节，衣食足而知荣辱。因此，管仲在齐国进行了政治改革和经济改革。分国都为十五士乡和六工商乡，分鄙野为五属，派官吏进行管理。以乡里组织为军事编制，设立选拔人才的制度。主张按土地好坏分等征税，适当征发力役。发展盐铁业，铸造和管理货币，调剂物价。通货积财，富国强兵，从此国力大增。帮助齐桓公以"尊王攘夷"为号召，使齐桓公成为春秋第一霸主，成为五霸之首。相传撰著《管子》八十六篇，现存七十六篇。内容庞杂，含有道家、名家、法家等学派的思想，以及天文、历法、舆地、经济和农业等知识。

管仲为了尽快地发展齐国的经济，采取了一个非常政策，这就是建立了官家妓院。清代学者纪昀在《阅微草堂笔记》中云："娼族祀管仲，以女闾三百也。"是说娼妓祭祀管仲，是因为管仲曾经设立"女闾三百"一事。"女闾三百"，又做"女闾七百"。无论

管仲像，《三才图会》，明王圻、王思义撰辑，明万历三十七年原刊本，1609年

"三百"或"七百"，都是泛指，是数量多的意思。

关于"女闾三百"一事，《战国策·东周策》云："齐桓公宫中七市，女闾七百，国人非之。管仲故为三归之家，以掩桓公。非自伤于民也。"是说齐桓公在宫禁之中，设立了七个交易市场。在社会上，让妓女七百人设立门市，进行交易。这件事遭到国人的非议。管仲为了掩盖齐桓公的过错，故意娶妻三次，保护齐桓公。

明谢肇淛（zhè）著《五杂俎》云："管子之治齐，为女闾七百，征其夜合之资，以佐军国。"闾，里巷的门，代指妓女居住之处。

综合起来，这是说管仲治理齐国时，在宫禁内部开设了七个贸易市场。在社会上，为七百个妓女开设了门点，让她们公开交易，向她们征税。并将这笔收入用作军费开支和国家收入。管仲将妓女交易发展成为一个行业，而且是官妓。管仲真可谓妓女职业的始作俑者。由于管仲是历史记载最早公开地设娼者，因此被后世妓女奉为祖师与神明。

管仲后来演变成了白眉神。明人沈德符在《万历野获编》中说，白眉神长髯伟貌，骑马持刀，与关公像略肖，但眉白而眼赤。京师人相詈，指其人曰"白眉赤眼者"，必大恨，其猥亵可知。清末民初文学家徐珂的《清稗类钞》指其名为妖神，娼家魔术，在在有之，北方妓家，必供白眉神，又名妖神，朝夕祷之。千百年来，娼妓对白眉神十分恭敬，初荐枕于人，必与嫖客同拜此神，然后定情，北京和南京都是这样的。

管仲为什么成了白眉毛红眼睛？有人听老鸨的解释是，因为管仲执政四十年，娼妓这一行当到他老年时已蓬勃发展，妓女队伍壮大了许多。他作为始作俑者，中间自然少不了近水楼台先得月的事。而他年事已高，眉毛既白，行事不力，少不得喝些酒服点药，以致两眼发红。这是对管仲的调侃。

还有一说，白眉神是春秋时最有名的盗贼跖。跖，又做盗跖。相传为春秋时柳下惠之弟，柳下惠是春秋时的名士，以孝恭慈仁著称。他的弟弟却是个犯上作乱者。传说黄帝时有个大盗名跖，柳下惠之弟为天下大盗，所以模仿他的名字，号称盗跖。盗跖日杀无辜，食人之肉，暴戾恣睢，聚党数千，横行天下。

清刘璋著《斩鬼传》第八回有妓院供奉白眉神柳盗跖的描写。小说描写盗跖"自春秋以来，至于今日，娼妇人家，家家钦敬，大小奉祀，竟如祖宗一般"。白眉神的装束是着盔贯甲，骑马提刀。清梦笔生著《金屋梦》第四十二回中对白眉神亦有描写：勾栏巷口有座花神庙，庙里供着柳盗跖，"红面白眉，将巾披挂"。因他是个强盗头儿，封来做个色神。这都说明白眉神盗跖是旧时妓女供奉的神仙。

安徽颍上现有管子祠，山东淄博现有管仲墓。旧时南京钓鱼巷是著名的花街柳巷，里面有一个老郎庙。每逢农历六月十一日，这里都要举行拜老郎神的庙会。这个老郎神不是唐玄宗李隆基，而是管仲。民国潘宗鼎著《金陵岁时纪》说："神为管仲，盖女闾三百之所由来也。"

第 七 章

自然神

刘天君

風

雷神普化天尊

雷神有很多，雷界最高的神是九天应元雷神普化天尊。九天，亦称九霄，它们是中央钧天、东方苍天、东北变天、北方玄天、西北幽天、西方颢天、西南朱天、南方炎天、东南阳天。雷神是正义之神，是惩恶之神，是扬善之神。这个九天应元雷神普化天尊具体是指谁呢？有三种说法。

第一种说法，是元始天尊第九子玉清真王。说他专制九霄三十六天，执掌雷霆之政，称"神雷真王"。

第二种说法，是黄帝。古代典籍里说道："黄帝名轩辕，北斗神也，以雷精起。""轩辕星，主雷雨之神。""轩辕十七星，在七星北，黄龙之体，主雷雨之神。"明末清初学者徐道著《历代神仙通鉴》（一名《三教同源录》）记载："（黄帝）封号为九天应元雷神普化真王。所居神雷玉府，在碧霄梵气之中，去雷城二千三百里。雷城高八十一丈，左有玉枢五雷使院，右有玉府五雷使院。真王之前有雷鼓三十六面，三十六神司之。凡行雷之时，真王亲击本部雷鼓一下，即时雷公雷师兴发雷声也。雷公即入雷泽而为神者也。力牧敕为雷师皓翁。三十六雷，皆当时辅相有功之臣。"

这里描写了一个雷神的世界：雷城二千三百里外，有神雷玉府，神雷玉府的左边有玉枢五雷使院，右边有玉府五雷使院。神雷玉府里端坐着雷神真王，真王前端立着三十六位神司，每位神司前摆放着一面雷鼓，共三十六面，为司雷之用。这分明是一个完整的雷的世界。而这个九天应元雷神普化真王，就是黄帝。

第三种说法，是闻仲。此

说源于明代小说家许仲琳的《封神演义》。《封神演义》第二一九回"姜尚登坛封神众"里写道："今特令尔督帅雷部兴云布雨，万物长生，诛逆除奸，善恶由之祸福。敕封尔为九天应元雷声神普化天尊之职，仍率领雷部二十四员催云助雨护法天君，任尔施行。其尔钦哉！"姜子牙除敕封了闻仲外，又封了邓忠、辛环、张节、陶荣、刘甫、苟章、毕环、秦完等二十四员雷部正神，还封了二位女性，金光圣母为闪电神，菡芝仙为助风神。

拜神怪小说《封神演义》广为流传所赐，第三种说法占了上风。现在百姓熟知的雷界最高的神是商纣朝太师闻仲。闻仲十分了得，他额有三目，中目一睁，能发出白光一道，大约有二尺多长。他曾乘骑黑麒麟，周游天下，霎时即可行至千里之外。相传六月二十四日乃天尊出现的吉日，故古时民间在这一天致祭。

其实，雷神的形象有一个发展变化的过程。古代典籍里描写的雷神，形态各异。有说"豕首麟神"的；有说"状如六畜，头如猕猴"的；有说其形如鬼怪的；有说"若力士之

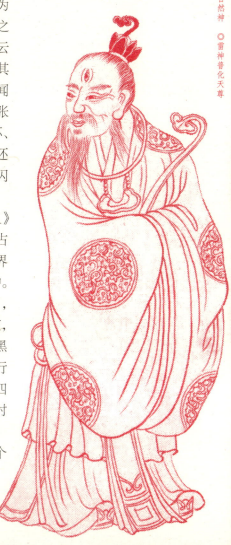

雷神像，《封神真形图》，清代墨绘本

容”的；有说“大首鬼形”的。到了明清时期，雷神的形象渐趋统一。清黄伯禄所著的《集说诠真》里有一段对雷神的描写，大体是雷神塑像的文字基础。其文曰：

今俗所塑之雷神，状若力士。裸胸坦腹，背插两翅，额具三目，脸赤如猴，下颚长而锐，足如鹰鹞，而爪更厉，左手执楔，右手持槌，作欲击状。自顶至旁，环悬连鼓五个，左足盘蹑一鼓，称曰雷公江天君。

这里描写的“脸赤如猴，下颚长而锐”，就是典型的雷神脸型。也就是人们常说的猴脸和尖嘴，即“雷公脸”与“雷公嘴”。

雷神在百姓的心目中是正义之神。这是古代人们对自然现象处于蒙昧无知状态下，对自然的一种唯心的解释。人们创造了雷神，希冀雷神主持正义，消解他们心中的不平。

风神方天君

风神民间又称风伯、风师。风神是掌管风的起停、强弱、方向的自然神。中国地域广大，地势复杂，风的表现形态各异。因之，传说中的风神，古今有别，南北有差。

说到风，我们自然想到了战国宋玉的名篇《风赋》。

楚襄王问：“夫风，始安生哉？”宋玉对曰：“夫风生于地，起于青苹之末，侵淫溪谷，盛怒于土囊之口。缘泰山之阿，舞于松柏之下。”白话文翻译是这样的。楚襄王问：“风刚开始是从哪里发生出来的？”宋玉答：“风发生在大地上，从浮萍的尖端吹起逐渐扩展到山谷，在大山洞的洞口增加了威力。沿着大山的山坳，吹动松柏摇摆不停。”

这是楚襄王和文学侍从宋玉在探讨风的起因。宋玉的回答,认为"风生于地",这个回答还是唯物的、可信的。但是古人往往认为有一种特殊的物体推动,从而形成了风,这个物体就是风神。

传说中的风神著名的有四位。

第一位是箕星。风是一种客观存在的自然现象,但它与雨雪冰雹不同,是看不见、摸不着的。风是怎样形成的,古人百思不得其解,认为也许与天上的星辰有关。于是,箕星就作为风神被供奉。

东汉应劭著《风俗通义》载:"风师者,箕星也,主簸物,能致风气也。"学者蔡邕进一步解说:"风伯神,箕星也。其象在天,能兴风。"这是说,箕星是风师,是风伯,是风神。那么,箕星是什么星呢?箕星又称箕斗、斗宿,共由四颗星组成。古人将其在天上形成的图形,想象成筛粮食的工具簸箕的形状。箕星好像用簸箕筛选粮食那样,"主簸物,能兴风"。因之,箕星就成为古人心目中的风神了。

第二位是飞廉。这是大诗人屈原说的。屈原在《离骚》中吟道:"前望舒使先驱兮,后飞廉使奔属。"其中的"望舒"又称"纤阿",是为月神驾车的驭者。东汉王逸注曰:"飞廉,风伯也。"宋洪兴祖补注:"应劭曰:'飞廉,神禽,能致风气。'"

如此看来,"飞廉"就是风神,他发出的劲风,推动着月神的香车飞奔。那么,飞廉的尊容如何呢?宋洪兴祖补注:"晋灼曰:'飞廉鹿身,头如雀,有角,而蛇尾豹文。'"飞廉就是这样一个长相奇特的风神。

第三位是风姨。风姨出自清李汝珍所著的神怪小说《镜花缘》。小说描写三月初三正值西王母圣诞,众仙子到西方昆仑山,同赴"蟠桃圣会",为西王母祝寿。席间,嫦娥举杯倡议,百花仙子发个号令,让百花一齐开花，共同来为西王母祝寿。

百花仙子十分为难，说道："小仙所司各花，开放各有一定时序，非止歌舞，随时皆可发令。月姊今出此言，这是苦我所难了！"表示不能照办。

不承想，风神风姨闻听百花仙子之言，在旁便说道："据仙姑说得其难其慎，断不可逆天而行。但梅乃一岁之魁，临春而放，莫不皆然。何独岭上有十月先开之异？仙姑所谓号令极严、不敢参差者安在？世间道术之士，以花为戏，布种发苗，开花顷刻。仙姑所谓稽查最密、临期而放者又安在？他如园叟花佣，将牡丹、碧桃之类，浇肥炙炭，岁朝时候，亦复芬芳呈艳，名曰'唐花'。此又何人发号播令？总之，事权在手，任我施为。今月姊既有所恳，无须推托。待老身再助几阵和风，成此胜会。况在金母筵前，即玉帝闻之，亦为便加罪。设有过失，老身情愿与你分任，何如？"

嫦娥对百花仙子的要求是强人所难，很不合理；而风姨不但不加以劝阻，反而怂恿百花仙子做错事。当然，百花仙子坚持原则，没有按她们的要求去做。从中可见，风姨在此是不讲原则的，但却很有个性。李汝珍所塑造的风姨形象，就是一个女性风神。

第四位是方天君。清黄伯禄所著的《集说诠真》里介绍了一位民间熟知的男性风神方天君："今俗塑风伯像，白须老翁，左手持轮，右手执箑(shà)，若扇轮状，称曰：风伯方天君。"这个风神的形象深入人心，在民间广为流传。

风既有暴虐的一面，又有和善的一面。人们有时诅咒它，有时又歌颂它。给人们造成灾难时，人们强烈地诅咒它；给人们带来喜悦时，人们热烈地歌颂它。总的来看，风是人们的朋友，人们是喜爱它的。因此，古代的人们虔诚地祭祀风神。

90

雨神赤松子

雨神是掌管雨水的自然神。雨神又称为雨师。

古代雨神著名的有五位。

第一位是毕星。东汉蔡邕在《独断》里说道："雨师神，毕星也。其象在天，能兴雨。"这里说毕星是雨神。毕星就是古代所说的毕宿。毕宿是二十八星宿之一，为西方白虎七宿之第五宿。毕宿共有八颗星，在金牛座。

古人为什么祈求雨神？旱灾对社会生活影响极大，古人往往束手无策，只得祈祷雨神。西周及春秋列国，将祭祀雨神列为国家祀典，丝毫不敢大意。秦国还专门建造了国家级的雨师庙，定期祭祀，以求得雨神的保佑。据说，当时秦国的"风伯、雨师之属，百有余庙"。可

见，古人对自然神风神和雨神的敬畏之心。

第二位是屏翳(亦称玄冥)。在《山海经·海外东经》中，郭璞注曰："雨师，谓屏翳也。"而东汉应劭著《风俗通义》载："玄冥，雨师也。"这是古代记载雨神的一种说法，可惜没有更多更详细的描述。

第三位是商羊。商羊是鸟名，是一位雨神。《三教源流搜神大全》卷七写道："雨师神，商羊是也。商羊神鸟，一足，能大能小，吸则溟渤可枯，雨师之神也。"这个神鸟，一只脚，可以变化大小，能量很大，能够吸光渤海之水。这商羊确实是一个神奇的雨师。

《孔子家语·辩政》里这样记载商羊："齐有一足之鸟，飞集于宫朝，下止于殿前，舒翅而跳。齐侯大怪之，使使聘鲁，问孔子。孔子曰：'此鸟名曰商羊，水祥也。昔有童儿屈其一足，振讯两眉而跳，且谣曰：天将大雨，商羊鼓舞。今齐有之，其应至矣。急告民

趋治沟渠，修堤防，将有大水为灾。'顷之，大霖雨，水溢泛诸国，伤害民人，唯齐有备不败。"这个神话故事，主要是描写了雨师商羊救助百姓的功绩，彰显了雨神的重要作用。

第四位是赤松子。明洪自诚著《仙佛奇踪》云："赤松子，神农时雨师，炼神服气，能入水不濡（rú）；入火不焚。至昆仑山，常至西王母石室中，随风雨上下。炎帝少女追之，亦得仙俱去。高辛时为雨师，间游人间。"

明末清初学者徐道著《历代神仙通鉴》（一名《三教同源录》）描写的赤松子更为详细："（神农时）川竭山崩，皆成砂碛，连天亦几时不雨，禾黍各处枯槁。有一野人，形容古怪，言语癫狂，上披草领，下系皮裙，蓬头跣足，指甲长如利爪，遍身黄毛覆盖，手执柳枝，狂歌跳舞，曰：'予号曰赤松子，留王屋修炼多岁，始随赤真人南游衡岳。真人常化赤色神首飞龙，往来其间，予亦化一赤虬，追慑于后。朝谒原始众圣，因予能随风雨上下，即命为雨师，主行霖雨。'"

综合以上两条，可知赤松子是神农或帝喾时期的雨师。他神通广大，法力无边，能随风雨上下，入水不湿，入火不焚，常化作赤龙，往来飞舞。由此，引起天帝的注意，即命他为雨师，主管霖雨之事。

第五位是陈天君。据清黄伯禄著《集说诠真》描述，陈天君的形象为"乌髯壮汉，左手执盂，内盛一龙，右手若撒水状"。这位陈天君不出名，但他的形象却被民间接受了。

91

火神祝融

火神是中国古代神话传说中的主管火的自然神。

火神在神话传说中，著名的有三位。

第一位是祝融。

据说，祝融是炎帝的后裔。《山海经·海内经》记载："炎帝之妻，赤水之子德沃，生炎居，炎居生节并，节并生戏器，戏器生祝融。"可见，祝融乃炎帝之后裔。祝融的长相如何？《海外南经》记载："南方祝融，兽身人面，乘两龙。"可知，祝融是个亦人亦兽的怪物，神通广大，乘骑两条龙。西晋郭璞注："（祝融）火神也。"传说祝融在衡山一代游息。他教会了百姓如何取火用火，给百姓的生活带来前所未有的便利。因此，后世管理火的火正就以他的名字命名。当时，南方有一条火龙作怪，它喷出的烈焰烧毁了百姓的许多财产。祝融乘龙飞去，用神鞭将火龙打死，为民除害。从此，人们祭祀他，祈祷他的帮助。祝融成为中国人心目中的火神。

第二位是阏（è）伯。《左传·昭公元年》记道："昔高辛氏有二子，伯曰阏伯，季曰实沈。居于旷林，不相能也。日寻干戈，以相征讨。后帝不臧，迁阏伯于商邱。主辰，商人是因，故辰为商星；迁实沈于大夏，主参，唐人是因，以服事夏商。"这是史书关于火神阏伯的记载。

根据史书记载和民间传说，可以捋出有关火神阏伯的情况。

先说说高辛氏。高辛氏是传说时代的古帝王，就是帝喾。帝喾是黄帝的曾孙。帝喾出生时就是神灵，能够察微知远，仁而威，惠而信，修身而天下服。帝喾作历法，敬鬼神，节用财物，抚教万民，四远皆从。帝喾是个好帝王。

再说说阏伯哥俩。帝喾有两个儿子，哥哥叫阏伯，弟弟叫实沈。哥俩生活在广袤的森林里，但是关系很不融洽，几乎天天武力相见，互相厮杀。后来，帝喾无法，只得想办法把哥俩分开。帝喾将哥哥分封到商邱为火正，主管火事，封号叫商。将弟弟实沈分封到大夏，主管参星。二人后来成为神星。阏伯死后被称为商星，实沈死后被称为参星。参星居西方，商星在东方。一个落下时，一个正好升起。两颗星，出没永不相见。因此，后来比喻二人久别或兄弟不睦，叫参商。唐朝大诗人杜甫在《赠卫八处士》一诗中写道："人生不相见，动如参与商。"其典故就源于此。

最后说说阏伯台。阏伯在封地"商"做火正，忠心耿耿，呕心沥血，深受人民爱戴，人民感念他的功德，尊他为火神。阏伯在掌管火事的同时，还筑台观察日月星辰。阏伯以观察的结果为依据，测定一年自然的变化和作物的收成。阏伯的天文台是我国最早的天文台之一。他死后葬于封地。由于阏伯封号为"商"，他的墓冢也被称为商丘。今天商丘之地名，亦由此而来。

据宋王明清著《挥麈后录》云："太祖皇帝草昧日，客游睢阳，醉卧阏伯庙。"是说宋太祖赵匡胤还没有当皇帝时，曾经到过睢阳，并醉卧在阏伯庙里。这就说明，至少在五代时阏伯庙就存在了。睢阳是现在商丘市的一个区，即睢阳区。

阏伯台，又称火星台或火神台。位于商丘古城西南一点五公里处。现存阏伯台如墓状，高三十五米，周长二百七十米，夯土筑成。层层夯土中夹杂不少汉代的瓦片与陶片，由此，阏伯台可能是汉代所筑。原来的阏伯台因黄河泥沙多次淤积，隐于现存台下。

阏伯台下的土丘，即阏伯始封之商丘。阏伯台在一望无际的大平原上，显得高大突兀。此台为古代商丘都城一带的最高点，再加之古人认为阏伯台的精气，上阏应商星，所以，自古以来，人们都把阏伯台看作是商丘的象征。阏伯台上现有阏伯庙，为元代建筑。庙宇有大殿、禅门、配房、钟鼓楼。殿宇飞檐走兽，金壁辉煌。明清以来，几经修葺。1981年又重修。每年阴历五月初七，方圆数百里的民众前往朝拜，谓之朝台，至二月初二方止。朝台赶会者每天多达数万人。

第三位是火德星君罗宣。这是《封神演义》中姜子牙任命的。姜子牙命道："敕封尔（罗宣）南方三气火德星君正神之职，加领本部五位正神，任尔施行，巡查人间之善恶，以降天上之灾祥，秉政无私。尔其钦哉！"火部五位正神的名号依次为尾火虎朱招、室火猪高震、觜（zī）火候方贵、翼火龙玉蛟、接火天君刘环。至此，火德星君加上五位正神，这六位火神构成了一个火神组合，协助太上老君处理天下关于火的事宜。

清代皇帝对祭祀火神，十分在意。乾隆帝就自己或遣人按时祭祀火神。《清高宗实录》记载，乾隆元年六月二十三日丙戌（1736年7月31日），乾隆帝即遣官祭火神庙。类似记载，不胜枚举。

92

河神人面鱼身

河神是指黄河的水神河伯。河伯，也称冰夷、冯夷和无夷。唐段成式著《酉阳杂俎》云："河伯人面，乘两龙。一曰冰夷，一曰冯夷，又曰人面鱼身。"晋葛洪云："冯夷以八月上庚日渡河溺死，天帝署为河伯。"这是说，河伯是个溺水而亡的溺死鬼。西晋司马彪著

河神像

《清冷传》云："（冯夷）华阴潼乡堤首人也，服八石，得水仙，是为河伯。"这是说，冯夷在水中得到水仙的仙气，而变成了河伯。

河伯的长相怎样呢？有的说是"人面"；有的说是"人面鱼身"；有的说是"人面牛身"；有的说是"牛首人面"；有的说是"白面长人鱼身"。战国尸佼著《尸子》云："禹理水，观于河，见白面长人鱼身，出曰：'吾河精也。'授禹图而还于渊中。"

这些关于长相的传说，比较贴切的是"人面鱼身"，因为河伯是游弋在水中，总是跟鱼有关联的。

对河伯的形象记载，当属屈原的《楚辞·九歌·河伯》："与女游兮九河，冲风起兮横波，乘水车兮荷盖，驾两龙兮骖螭。"原来把"女"读成"汝"，意指河伯；闻一多《楚辞校补》认为，"女"当为河伯乐所从游之少女，较为合理。此段语义为："和女同游啊滔滔九河，冲锋破浪啊滑过水波。如乘水车啊荷叶当盖，驾两金龙啊自由快活！"这似乎是关于河伯的最早的文学描写。

河伯不是正义之神，而是邪恶之神。在古代神话传说中，他是个个性卑劣、好勇斗狠、飞扬跋扈、贪色恋淫之徒。《史记》中有何伯娶妇的记载。《史记·滑稽列传》：

魏文侯时，西门豹为邺令（县长）。豹往到邺（今河北省临漳县），会长老，问之民所疾苦。长老曰："苦为河伯（河神）娶妇，以故贫。"豹问其故，对曰："邺三老、廷掾（yuán）常岁赋敛百姓，收取其钱得数百万。用其二三十万为河伯娶妇，与祝巫共分其余钱持归。当其时，巫行视小家女好者，云是当为河伯妇，即娉（同聘）取。洗沐之，为治新缯绮縠衣，间居斋戒；为治斋宫河上，张缇绛帷，女居其中。为具牛酒饭食，十余日。共粉饰之，如嫁女床席，令女居其上，浮之河中。始浮，行数十里乃没。其人家有好女者，恐大巫祝为河伯取之，以故多持女远逃亡。以故城中益空无人，又困贫，所从来久远矣。民人俗语曰：'即不为河伯娶妇，水来漂没，溺其人民云。'"西门豹曰："至为河伯娶妇时，原三老、巫祝、父老送女河上，幸来告语之，吾亦往送女。"皆曰："诺。"

至其时，西门豹往会之河上。三老、官署、好长者、里父老皆会，以人民往观之者三二千人。其巫，老女子也，已年七十。从弟子女十人所，皆衣缯单衣，立大巫后。西门豹曰："呼河伯妇来，视其好丑。"即将女出帷中，来至前。豹视之，顾谓三老、巫祝、父老曰："是女子不好，烦大巫妪（大巫婆）为入报河伯，得更求好女，后日送之。"即使吏卒共抱大巫妪投之河中。有顷，曰："巫妪何久也？弟子趣（催促）之！"复以弟子一人投河中。有顷，曰："弟子何久也？复使一人趣之！"复投一弟子河中。凡投三弟子。西门豹曰："巫妪、弟子是女子也，不能白事（白事，禀报事情），烦三老为入白之。"复投三老河中。西门豹簪笔磬折（形容西门豹装出恭敬的样子），向河立待良久。长老、吏、旁观者皆惊恐。西门豹顾曰："巫妪、三老不来还，奈之何？"欲复使廷掾与豪长者（地方豪绅）一人入趣之。皆叩头，叩头且破，额血流地，色如死灰。西门豹曰："诺，且留待之须臾。"须臾，豹曰："廷掾起矣。状河

伯留客之久，若（你们）皆罢去归矣。"邺吏民大惊恐。从是以后，不敢复言为河伯娶妇。

此中的河伯即指河神。这个河神被愚昧的人们利用了。官府与巫祝、豪绅相互勾结，鱼肉百姓，百姓苦不堪言。清官西门豹到任，即巧妙地利用这个为河伯娶妇的丑恶罪行，以毒攻毒，狠狠地打击了鱼肉百姓的恶势力，为民除害，大快人心。同时，西门豹带领全城老百姓挖河修坝，根除水害。漳河两岸年年丰收，人们都非常感激西门豹。

山神黄天化

山神是传说中的高山大岭的自然神。中国典籍中提到的山神很多，几乎每座名山都有自己的山神。其中，级别最高的山神是黄天化。

黄天化是个少年英雄。他在同商纣的战斗中立下了汗马功劳。

当时，商营拥有四员战将，即魔家四兄弟：魔礼青、魔礼红、魔礼海、魔礼寿。这四兄弟武功了得，还都拥有绝杀法器。因此，两相交锋中，周营屡屡败下阵来，甚至姜子牙亲自出马，也没有胜算。在强大的敌人面前，周武王和姜子牙陷入了深深的苦闷之中。"君臣闷坐，彼此暗暗为难，想不出良谋妙计，怎能退去商营这支人马"。

他们的愁苦，惊动了青峰山紫阳洞清虚道德真君。他掐指一算，知道姜太公被魔家四将困于岐山关，遂决定特派徒孙黄天化下山，解燃眉之急。黄天化领命，手抱两柄银锤，腰揣法器钻心钉，乘骑怪兽玉麒麟，腾云驾雾，飞到了岐山关周营。

魔家四将见黄天化只是一个十多岁的少年郎，更加傲慢狂妄。在同黄天化对阵时，魔礼青轻蔑地呼道："幼儿，问吾等姓名，听真！老爷姓魔，双名礼青，二爷礼红，三爷礼海，四爷礼寿。在纣王驾下称臣，官拜佳梦关权衡。今奉旨领兵在此安营，尔等何名，报将上来，也好在疆场废命。"

但是，就是这个看似不起眼的"幼儿"，却在几个回合中，先后将魔家四将斩首，破解了岐山关的围困，取得了辉煌的胜利。

由此，黄天化进入了功臣榜，得到了重要的册封，成为管领三山正神丙灵公。他的手下还有五岳正神，即五岳之首东岳泰山天齐仁圣大帝黄飞虎、南岳衡山司天昭圣大帝崇黑虎、中岳嵩山中天崇圣大帝闻聘、北岳恒山安天玄圣大帝崔英、西岳华山金天顺圣大帝蒋雄。

古时，进山人对山神执礼甚恭。以采药人为例，进山前须斋戒五十日。进山时须"牵白犬，抱白鸡"，以博得山神喜欢，将芝草玉药宝玉奉献出来。离山百步远时，要呼喊山王名"林林央央"，确保百邪不近身。采药人要熟知进山的礼节，只有这样，才能得到山神的庇佑，取得预期的效果。

海神妈祖

海神是中国东南沿海和海外华人供奉的海洋保护神。又称妈祖、天妃、天后、天妃娘娘、天上圣母等。道教《太上老君说天妃救苦灵验经》称，太上老君封妈祖为"辅斗昭孝纯正灵应孚济护国庇民妙灵昭应弘仁普济天妃"。

有关妈祖的记载，大约起于北宋。妈祖出生于仕宦之家，是福建晋代晋安郡王林禄的二十二世孙女，是当地的望族。她原名林默。妈祖父亲都巡检林惟悫（一说林愿），母亲王氏，二人多行善积德。

一天晚上，王氏梦见观音大士慈祥地对她说："你家行善积德，今赐你一丸，服下当得慈济之赐。"于是，王氏便怀了孕。到宋太祖建隆元年（960）三月二十三日傍晚，王氏将近分娩，见一道红光，从西北射入室中，红光满室，异气氤氲。王氏感到腹中胎动，妈祖降生。因生得奇，甚为疼爱。她出生至满月，一声不哭，因此，父亲给她取名"默"。

林默八岁就读私塾，喜烧香礼佛。十三岁得道典秘法。十六岁观井得符，能布席渡海救人。升化以后，有祷辄应。自宋徽宗宣和（1119—1126年在位）以后，两宋间先后敕封达九次。其封号，南宋光宗绍熙（1190）由"夫人"进爵为"妃"。元世祖时又进爵为"天妃"。清圣祖康熙时再进爵为"天后"，并载入国家汜典。据说，自宋至清，七百余年间，帝王对妈祖的册封多达四十余次，封号累计竟有五十多字。如"辅国护圣""护国庇民""宏仁善济"等。

妈祖之主要神迹是救济海上遇难之生民。据传，妈祖有随从千里眼、顺风耳，能解救人于千里之外。妈祖常穿朱衣，乘云游于岛屿之间。如果海风骤起，船舶遇难，只要口诵妈祖圣号，妈祖就会到场营救。《太上老君说天妃救苦灵验经》称，妈祖所救就是"翻覆舟船，损人性命，横被伤杀，无由解脱"。

妈祖是一位伟大的导航使者。她经常为海上迷航的船只指点方向。相传郑和下西洋时，途经福建洋面遇到风暴，海上浊浪滔天，船只颠簸摇荡，船工们茫然不知所向。郑和想起海神妈祖，仰天祷告。祷告毕，只见在船头隐约出现了一盏红灯，妈祖信步浪尖从容导航。于是船队紧跟前进，脱离危险进入避风港。

后来，妈祖之职能略有扩大。《太上老君说天妃救苦灵验经》还称："若有行商坐贾，买卖积财，或农工技艺，种作经营，或行兵布阵，或产难，或疾病，但能起恭敬心，称吾名者，我即应时孚感，令得所愿遂心，所谋如意。"因此，民间亦有以妈祖为送子娘娘的。

宋太宗雍熙四年（987），

妈祖时年二十七岁。在重阳节的前一天，妈祖对家中人说："我心好清净，不愿居于凡尘世界。明天是重阳节，想去爬山登高，预先和你们告别。"大家都以为她要登高远眺，不知将成仙。

第二天早上，妈祖焚了香，念了经，与诸姐说："今天要登山远游，实现自己的心愿。但道路难走而且遥远，大家不得与我同行。"妈祖于是告别诸姐，直上湄峰最高处、这时，只见湄峰顶上浓云四合，一道白气冲上天空。妈祖乘长风，驾祥云。忽然彩云闭合，不可复见。福建莆田湄洲人仰头望去，无不唏嘘惊叹。

此后妈祖经常显灵，乡亲们时常能看到她在山岩水洞之旁，或盘坐于彩云雾霭之间，或朱衣飞翔海上。常示梦救急扶危，在惊涛骇浪中拯救过许多渔舟商船；她立志不嫁，慈悲为怀，专以行善济世为己任。

中国东南沿海的妈祖庙数以千计，但称得上妈祖庙之首的当数天后故里福建莆田湄州祖庙。此庙创建于宋太宗雍熙四年（987），有千年历史。祖庙规模宏伟，富丽堂皇。庙宇前临大海，潮汐吞吐，激响回音，有"湄屿潮音"之誉。农历三月二十三日是妈祖诞辰，朝拜者人山人海，还有台湾"湄州妈祖进香团"前来进香，香客多达数十万。

台湾的妈祖庙有五百一十座，其中北港的朝天宫是最负盛名的一座。北港朝天宫是台湾最古老的妈祖庙，建于清圣祖康熙年间，有三百年历史。这里的妈祖像是由湄州请来的，故被认为是莆田湄州妈祖庙的"分灵"。因此，每隔几年都要抬着妈祖神像到湄州挂香一次，表示对妈祖的崇拜和对祖宗的怀念。朝天宫在全台香火最盛，每逢妈祖诞日，进香人数竟超过百万。妈祖信徒人数之多、香火之旺，至今亦然。

瘟神吕岳

瘟神也称疫神，或作瘟鬼、疫鬼、五瘟使者。中国古代神话中的降瘟之神。

瘟神古代传说中有三个版本。

第一个版本。东汉蔡邕著《独断》记载："帝颛顼有三子，生而亡，去为鬼：其一居江水，是为瘟鬼；其一居若水，是为魍魉；其一者居人宫室枢隅处，善惊小儿。"这是说，颛顼帝有三个儿子，刚生下来，就不幸夭亡，变成了厉鬼。其中一个居住在江水，变成瘟鬼；其中一个居住在若水，变成怪鬼；其中一个居住在宫室门轴底下，变成惊吓小儿的恶鬼。可知，瘟鬼是颛顼帝三个儿子中的一个变成的。

第二个版本。隋唐时代出现了五瘟神的说法，五瘟神也叫五瘟使者。这种说法来自

《三教源流搜神大全》卷四："昔隋文帝开皇十一年六月内，有五力士现于凌空三五丈于余，身披五色袍，各执一物。一人执杓子并罐子，一人执皮袋并剑，一人执扇，一人执锤，一人执大壶。帝问太史居仁曰：'此何神？主何灾福也？'张居仁奏曰：'此是五方力士，在天为五鬼，在地为五瘟使者。春瘟张元伯，夏瘟刘元达，秋瘟赵公明，冬瘟钟仕贵，总管中瘟史文业。'帝乃立祠，诏封五方力士为将军。后匡阜真人游至此祠，即收复五瘟神为部将也。"

瘟神本来是为害地方、制造瘟疫的凶神恶煞，这五瘟神也是如此。他们每人都手执法器，威力广大。隋文帝意在令他们改邪归正，造福黎民，即诏封五方力士为将军。其中青袍力士封为显圣将军，红袍力士封为显应将军，白袍力士封为感应将军，黑袍力士封为感成将军，黄袍力士封为感威将军。于是，隋唐之际，人们都

在农历五月五日祭祀瘟神。后来正神匡阜真人用法力将这五瘟神收服为部将，称五瘟使者，变害为福了。

其实，据说这五瘟神是有些来历的。据《管子·轻重甲》说："昔尧之五吏五官，无所食，君请立五厉之祭，祭尧之五吏。"五厉之厉，就是疠，五厉就是五种疫疠之神。五厉据说就是隋唐时期的五瘟神。因此，五瘟神来历是很久远的，在遥远的尧帝时代就存在了。

第三个版本。这个说法来自明许仲琳著《封神演义》。《封神演义》中姜太公封吕岳为主瘟癀昊天大帝之职。其手下还有六位正神：东方行瘟使者周信、南方行瘟使者李奇、西方行瘟使者朱天麟、北方行瘟使者杨文辉、劝善大师陈庚和瘟道士李平。这就是说，瘟神是吕岳，他手下还有东西南北四位行瘟使者。

路神即祖神修

路神是古人信仰中保障旅行安全之神。路神又称行神、道神、祖神。路神究竟是谁，众说不一，大体有三种说法。

第一种说法，是共工之子修。东汉应劭著《风俗通义》卷八："共工之子曰修，好远游，舟车所至，足迹所达，靡不穷览，故祀以为祖神。"看起来，这位修，是个不知疲倦的旅行家。他或乘车，或步行，游览了很多地方。因此，他死后，古人祭祀他，称他为爱好游历的祖神，以期得到他的保佑。

第二种说法，是黄帝之妻嫘祖。唐王瓘著《轩辕本纪》云："帝周游行时，元妃嫘祖死于道，帝祭之以为祖神。"

牛王动物守护神

这是说，黄帝遍游天下考察时，元妃嫘祖陪同，劳累过度，不幸死在道上。黄帝伤心至极，将其妻嫘祖作为祖神加以祭祀。

第三种说法，是黄帝之子累祖。元脱脱等著《宋史·礼志》注引崔实《四民月令》云："祖，道神也。黄帝之子曰累祖，好远游，死道路，故祀以为道神，以求道路之福。"这是说，祖，就是道神。黄帝的儿子叫累祖，喜好远游，不幸死在旅游的道路上。因此，就尊奉累祖为道神，以求旅游时得到累祖的福佑。

如今，路神在中国已经成为抽象神，但在日本农村却能时常发现其身影。

牛王即牛神，是古人崇拜的动物神，人间动物的守护神。

牛王的来历？古代传说有二。

一说是一株大梓树。

据唐代志怪小说集《列异传》记载，公元前739年，秦文公派人到南山伐树。伐树进展顺利，但遇到了一株特殊的大梓树，很棘手。这株树很是奇怪，随砍随合，根本伐不倒它。秦文公不信邪，立即加派四十余个身强力壮者，不停歇地轮流砍伐，然而仍然不见效，还是砍不倒，人们只得暂时撤下去休息。一个力工，因脚上受了伤，没有离开，躺在树下休息。

到了晚间，这位力工忽然

听到说话声，感到十分诧异。他屏住呼吸，仔细倾听。只听到似乎无影无形的两个鬼，互相调侃。甲鬼悻悻地说："秦文公是不会善罢甘休的，还是要来砍伐。"乙鬼毫无惧色，洋洋自得地答道："嘻嘻，我不怕，谅他也没有什么高招，他能把大爷我怎么样呢？"甲鬼沉默了一会儿，瞧瞧四周，像怕被人听到似的悄悄问道："他要是穿上红色的衣服，动用红色的土灰呢？"乙鬼像被人点到了软肋，一下子沉默了，不知如何是好。这位力工听明白了，原来这株大梓树，最怕红衣赤灰。

力工立即把自己听到的秘密，以最快的速度报告了秦文公。秦文公大喜，立即派人找来了赤灰，并让砍树的力工全都穿上红色的衣服，以彰显威力。砍树时，砍开一个口子，赶忙塞上赤灰。以此类推，如法炮制，十分奏效，很快就把这株不屈服的大梓树砍倒了。

大梓树很快变化成了一头雄壮的黄牛，跳入水中，逃跑了。这头牛，就是不轻易屈服的牛王。以此，秦文公特为此牛立祠祭祀，这就是牛王的来历。从中可知，牛王原来是一株大梓树。

二说是名人冉伯牛。

冉伯牛，姓冉名耕，字伯牛，孔子的学生。冉伯牛道德高尚，闻名遐迩。其德声仅次于颜渊、闵子骞，排在冉雍之前。他大概是冉雍的叔伯之辈，同冉雍一个宗族。他的史料，历史流传很少，《论语》中也仅此一句：

伯牛有疾，子问之，自牖（yǒu）执其手，曰："亡之，命矣夫！斯人也而有斯疾也！斯人也而有斯疾也！"

伯牛不幸生病了，得了怪病。孔子探望他的时候，不能进屋，只能从窗户把手伸进去，握住他的手，悲痛地说："你快要不行了，这就是命啊！如此品德高尚的人竟然也会得这种病啊！如此品德高尚的人竟然也会得这种病啊！天道太不公了！"孔子心如刀绞，痛苦万分。冉伯牛得的究竟是什么病，不得而知，大概是传染病之类的疾病。

就是这位冉伯牛，居然成了神话中的牛王。有一个传说故事，叫"冉伯牛计惩贪官"，讲到了冉伯牛变成牛王的经过。话说从前，平利县来了一位贪官。此君嘴特馋，爱吃牛肉，而且专爱吃千斤以上的肥牛。三年过去了，县里千斤以上的肥牛，几乎让他吃光了。为了满足自己的口福，他命令衙役们到牛王山去继续搜索肥牛。

牛王山确实名不虚传，藏有肥牛。牛王山还有一头特大号肥牛，人们给它起了个绰号，叫"金牛王"。这金牛王是牛王村金老汉的心肝宝贝。衙役们探得这个情报，心中大喜，赶忙回来报告县令。县令急不可耐，翌日清晨，就带着衙役，到金老汉家来拉牛。但到金老汉家一看，不见了金牛王的踪影。县令大怒，命衙役们轮番拷打金老汉一家老小，逼问口供。此时，奇迹出现了，金牛王突然从天而降。县令大惊，继而大喜，忙命衙役上前捉拿。那牛不慌不忙，向大山跑去。

县令带人追进大山。此时，怪异的现象出现了。只见树林中，一下子突然涌出许多牛头力士，奇形怪状，张牙舞爪，令人惊恐。它们将县令和衙役团团围住。县令和衙役动弹不得，十分紧张。原来金牛王夜里逃跑后，直奔牛神庙告状。牛神王得知情况，设计将这帮歹人引诱上山，进行惩罚。

只见天空飞沙走石，牛神王驾云而至，从天而降。他牛头人身，金盔金甲，面目狰狞，怒目圆睁，吼声如雷，怒斥县令道："你身为父母官，却只顾自己的口福，不察民苦，残杀耕牛，祸害百姓，实在可恨！今惩罚尔等均变成耕牛，为民出力，将功赎罪！"

牛神王将手一挥，顿时飞来几十张牛皮。这些牛皮正好是县令宰杀的那些耕牛的牛皮。牛神王向这些牛皮轻轻地吹了一口法气，牛皮霎时飞将起来，纷纷包裹在县令和衙役的身上。县令和衙役顿时变成了地地道道的耕牛了。

据说，这位神通广大的牛神王，就是孔子的弟子冉伯牛。因为冉伯牛名耕，传说他喜欢农耕，热爱耕牛，所以玉皇大帝将他封为牛神王，专门掌管人间饲牛、耕作之事。冉伯牛本来是一位谦谦君子，是一位儒生。但自从成为牛神王之后，他的形象就变成了"牛头人身，金盔金甲"的力士模样了。

牛王的诞辰，因地域的不同，日期也有不同。第一种说法，四月初八日是牛王诞辰；第二种说法，七月二十五日是牛王诞辰；第三种说法，十月初一日是牛王诞辰。逢到牛王日，家家给耕牛喂食细料，免耕家休，并祭拜牛王，以祈望牛王保佑。

牛王得到民间的祭拜，是老百姓保佑家畜平安的一种精神寄托。

98

龙王兴云降雨

龙王是传说中掌管兴云降雨的动物神。

中国古代典籍最早记载龙王的大概是宋代佛道名书《太平广记》。其"震泽洞"条云："震泽中，洞庭山南有洞穴，深百余尺，旁行升降五十余里，至一龙宫。盖东海龙王第七女掌龙王珠藏，小龙千余卫护此珠。"这里首次提到了"东海龙王"，首次提到了"龙王第七女"，首次提到了"小龙千余"。

明代作家吴承恩的小说《西游记》让龙王广为人知。《西游记》中龙王的海底世界有"龙子、龙孙、虾臣、蟹士、鲥军师、鳜少卿、鲤太宰"等，五光十色、异彩纷呈。龙王兴风雨时，违了玉帝敕旨，犯了天条，因此，在梦中被唐太宗的宰相魏征斩首。孙悟空又大闹东海，将老龙王的看家之宝天河定底神针收为己有，变成如意金箍棒。作者将龙王摆到以上诸自然神之上，给以特殊的地位。《西游记》里的龙王，不仅东海有，西海、南海、北海亦有，进而至于河、潭也有了。龙王之所以家喻户晓，妇孺皆知，得益于《西游记》的广为流传。

明代作家吴元泰的小说《东游记》，又使龙王的神话更加深入人心。《东游记》专叙八仙过海同龙王大战的故事，情节跌宕起伏，内容富于情趣。这就使龙王的神话故事愈发丰

山东省威海市刘公岛龙王庙龙王像

99

满厚重。其实，细细考来，龙王的神话传说是来自西域，本来是佛经里幻想出来的。

佛教《华严经》上说，龙王共有十名，一是毗楼博义龙王，二是娑婆龙王，三是云音妙幢龙王，四是焰口海光龙王，五是普高云幢龙王，六是德义迦龙王，七是无边步龙王，八是清净色龙王，九是普运大声龙王，十是无热脑龙王。他们负责兴云布雨，是神通广大的自然神。

道教也有关于龙王的说法。说有诸天龙王、四海龙王、五方龙王等，奉元始天尊、太上道君的旨意，负责普天施雨的农耕大事。

佛教典籍记载，龙王逐渐增多：十光明龙王，百光明龙王，八十亿龙王。就是说，凡是有水的地方，无论是江河湖海，还是渊塘井洼，莫不驻有龙王。龙王职司该地水旱丰歉。因此，百姓一遇水旱灾害，就要祈求龙王，以致大江南北，龙王庙到处林立。

药王邳彤

民间传说的药王是指汉朝的邳（pī）彤。邳彤（？—30），字伟君，西汉信都（今河北冀州市）人，是东汉开国皇帝刘秀部下二十八将之一。新朝王莽时任和成卒正（太守）。刘秀巡行河北，邳彤举城投降，做了和成太守。力主据河北，平天下。从击王郎，拜为后大将军，并兼和成太守。后来攻占邯郸，封武义侯。建武元年（26），更封灵寿侯，具体做大司空事。后任太常、左曹侍中等职，常从征战。

邳彤辅佐刘秀打天下，英勇善战，忠心耿耿，且足智多谋，为创立和捍卫东汉江山立下了不朽功勋，官至太常。太常是汉朝九卿之首。九卿是：太常、光禄勋、卫尉、太仆、廷尉、大鸿胪、宗正、大司农、少府。邳彤酷爱医学，精通医理，用自己的医术为民医病，颇受军民拥戴，死后葬于祁州南门外。如今，邳彤墓仍在祁州即今天的河北省保定市安国市药王庙内，任人凭吊。

药王庙的来历，有一个神话传说。相传宋秦王得疾，久治不愈，邳彤显灵治愈。宋秦王问其姓名，告之"祁州南门外人也"。"遣使即其地，始知为神"，遂封王建庙祀之。宋徽宗建中靖国元年（1101），赵佶加封邳彤为侯，后改封公。宋度宗咸淳六年（1270），赵禥又加封为明灵昭惠显祐王。随着帝王对邳彤的不断封赐，药王影响越来越大。

明成祖永乐二年（1404），仿照宋代临安（今浙江杭州）的药王庙，以邳彤墓为中心，扩建药王庙。经明、清两代历次修葺，始成为现在的规模。药王庙建筑群占地三千二百多平方米，坐东向西，结构严整，楼阁错落。

悬挂于山门之上的"药王庙"匾额，乃清乾隆时东阁大学士刘墉题写。药王墓在药王庙的中院。墓为亭式，琉璃瓦顶，富有民族特色。墓亭内竖有高三点八米的透雕木质墓碑，墓碑上书有"敕封明灵昭惠显祐王之墓"。墓碑附近，碑碣林立，有几十块之多，有的碑上镌刻着古药方药的知识，十分珍贵。

如今，药王庙不仅是旅游胜地，药王庙所在城市安国市还是药材集散地。当地每年农历四月二十八日，都举行药材庙会。届时客商云集，十分热闹。安国市也因此获得"药都"和"天下第一药市"的美誉。

虫王刘锜

100

虫王是中国农村驱除虫害、呵护庄稼的保护神，也称虫神。

这个保护神是鸟，还是人？多年来，一直存疑。大体有二说，一为鸟说，一为人说。

鸟说。这种鸟保护神叫鹙（qiū），是古书上说的一种水鸟，头和颈上都没有长毛。据南宋洪迈著《夷坚支志》记载："绍兴二十六年，淮、宋之地将秋收，粟稼如云，而蝗虫大起。未几，有水鸟名曰鹙，形如野鹜高且大，月豆有长喙，可贮数斗物，千百为群，更相呼应，共啄蝗。才旬日，蝗无孑遗，岁以大熟。徐泗上其事于虏廷即金朝，下制封鹙为护国大将军。"金朝时期，淮、宋之地发生蝗灾。由于正值收获之际，人们叫苦不迭，却束手无策。这时，成群的鹙鸟飞来，吃掉蝗虫，保护了庄稼。于是，金朝政府封鹙为护国大将军。鹙鸟成了民间祭祀的虫王。

人们把鹙鸟当成保护神，说明了人类对自然的敬畏。这里洋溢着人类对自然的感恩之心和感激之情。

人说。这种说法出自清代著名学者袁枚。他说："虫鱼皆八蜡神所管，只须向刘猛将军处烧香求祷，便可无恙。"这里提到的八蜡神，须加解释。蜡，不读 là，而读 zhà，音炸，是古代一种年终祭祀。八蜡，是指古代的八种农事，即祭祀、耕作、筑堤、疏浚、修屋、畜牧、造酒、治虫八个方面的农事，也特指农历十二月举行的祭祀活动。这是说，虫王是刘猛将军。

这里的刘猛将军，并不是姓刘名猛，而是一位姓刘的勇猛将军。这位猛将军，还不能一时认定。有五种说法：刘合、刘锜、刘锐、刘宰和刘承忠。学者认为，这五位将军中能够和虫王靠谱的，还是刘锜。

刘锜是南宋的抗金名将，打败了金兀术的金军，却被奸相秦桧排挤出京城，做了地方官。他在任上，恰逢百年不遇的大蝗灾。刘锜殚精竭虑，千方百计地灭蝗，保住了庄稼。宋理宗赵昀敕封他为扬威侯暨天曹猛将之神。这里的"猛将"就是猛将军之意。此后，各地立祠设庙祭祀刘锜。当时的刘猛将军庙上有一副对联，也点明了虫王是刘锜：

卧虎保岩疆，

狂寇不教匹马还；

驱蝗成稔岁，

将军合号百虫来。

这副对联，上联是说，如卧虎般刘锜的军队死保边疆，来犯的金寇，一匹马也别想回去；下联是说，任地方官的刘锜驱蝗成功获得丰收，听到将军的号令，各种各样的益虫都飞来了。上联是在歌颂刘锜军事上的胜利，下联是在赞扬刘锜农事上的成功。

清高宗乾隆皇帝曾于1742年4月23日，亲诣北京刘猛将军庙行礼。从史料来看，为农业丰收而祭祀刘猛将军，是清乾隆时期的一个社会常态。但乾隆皇帝祀神不唯神，据《清高宗实录》记载，他在十年后的一道谕旨里说："唯信刘猛将军之神，祈禳可免，愚说实不足凭……然民情亦当顺之。彼祀神固不害我之捕蝗也，若不尽力捕蝗，而唯恃祀神，则不可耳。"从这段话中，我们既可以看出刘猛将军在当时社会的影响力，也更佩服乾隆皇帝的"不可唯恃祀神"的态度。

图书在版编目（CIP）数据

民间百神/徐彻，陈泰云著. -- 上海：上海三联
书店，2024.1 重印
（中国民间崇拜文化丛书）
ISBN 978-7-5426-6470-9

Ⅰ.①民… Ⅱ.①徐…②陈… Ⅲ.①神-文化-中
国-文集 Ⅳ.①B933-53

中国版本图书馆CIP数据核字〔2018〕第202602号

民间百神

著　　者 / 徐彻　陈泰云
责任编辑 / 陈马东方月
装帧设计 / 七月合作社
监　　制 / 姚军
责任校对 / 叶学挺
出版发行 / 上海三联书店
　　　　　（200030）中国上海市漕溪北路331号A座6楼
邮购电话 / 021-22895540
印　　刷 / 上海艾登印刷有限公司
版　　次 / 2019年1月第1版
印　　次 / 2024年1月第13次印刷
开　　本 / 787×1092　1/32
字　　数 / 140千字
印　　张 / 10
书　　号 / ISBN 978-7-5426-6470-9/B·604
定　　价 / 52.00元

敬启读者，如发现本书有印装质量问题，请与印刷厂联系021-62213990